もう一度言おう、

若者よ、
超越せよ!!

宣誓

2011年3月11日に発生した、東日本大震災後、
日本は台湾から200億円を超える義捐金を頂きました。
その格別なる恩義に日本人として報い、
感謝の気持ちを形にするために、
「日台若者交流会」は誕生いたしました。
同会には日本と台湾の未来を担う、
学生並びに若者が集い、文化交流を深めてまいります。

2012年11月3日。台湾の淡水にて執り行われた、「日台若者交流会」設立の儀。名誉会長に就任した李登輝元総統の前で、安西直紀が右手を上げて宣誓を行った。歴史に残る一幕といっても、過言ではないだろう。

超越国境の理念と実践を元に、
日台相互の関係はもちろんのこと、
アジア地域のさらなる友好親善と発展を皆で目指していくことを、
名誉会長李登輝閣下の御前で誓います。

2012年11月3日
日台若者交流会代表　安西直紀

平均年齢25歳。新鋭揃いの日台若者交流会メンバーと、名誉会長に就任した李登輝元総統。日台若者交流会を全面支援する、ビヨンドXプロジェクトの横断幕がまぶしい。

Beyond X 超

国境

これぞ、超越国境!　台北市内で行われた、日台双方から100名が集結した設立記念晩餐会。天井を突き抜かんばかりの熱気が溢れる中で、24品という驚愕数の台湾料理が振舞われた。「超越国境」の横断幕は、安西直紀が直筆で書いたものだ。

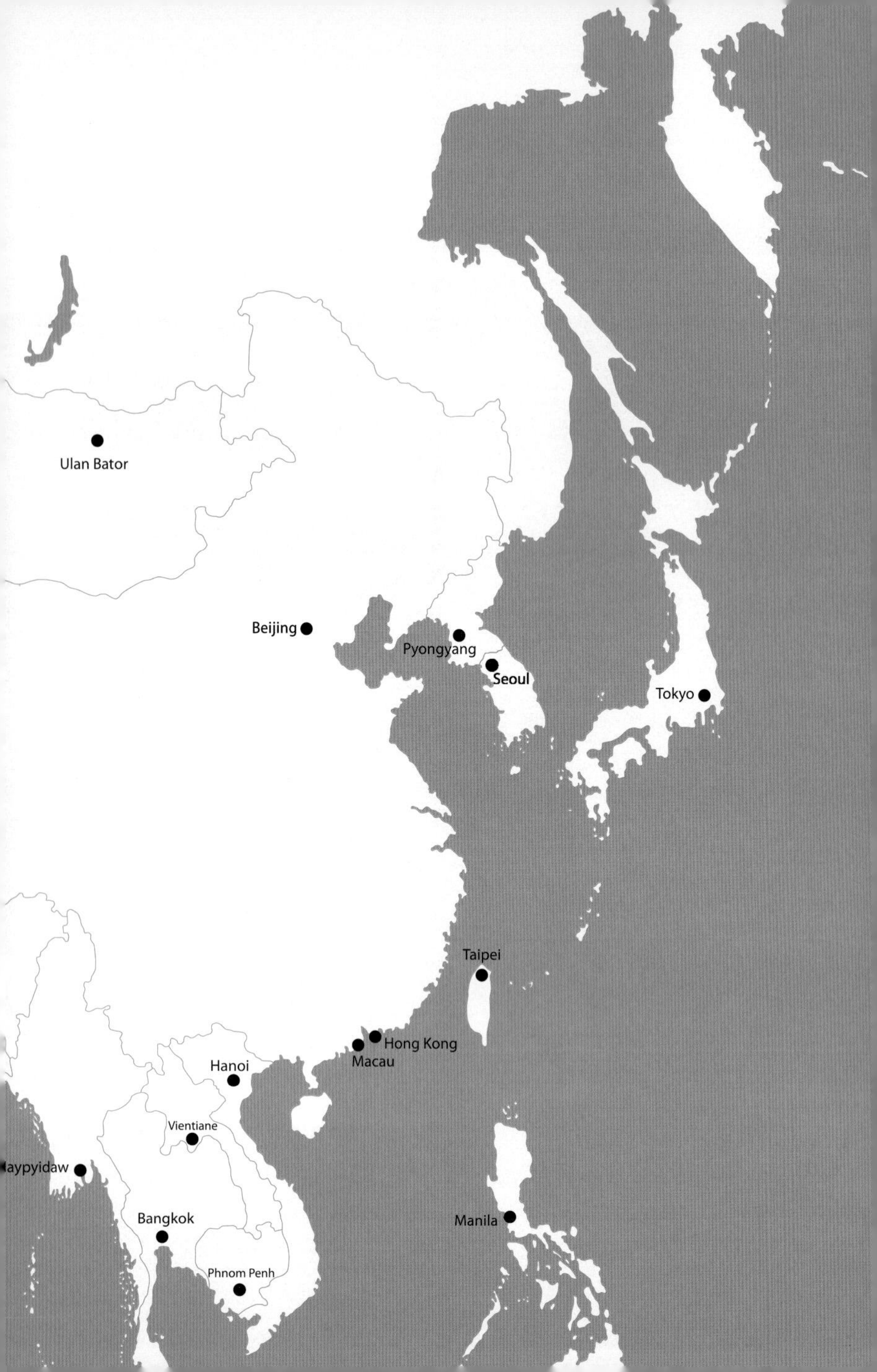
Ulan Bator
Beijing
Pyongyang
Seoul
Tokyo
Taipei
Hong Kong
Macau
Hanoi
Vientiane
aypyidaw
Bangkok
Manila
Phnom Penh

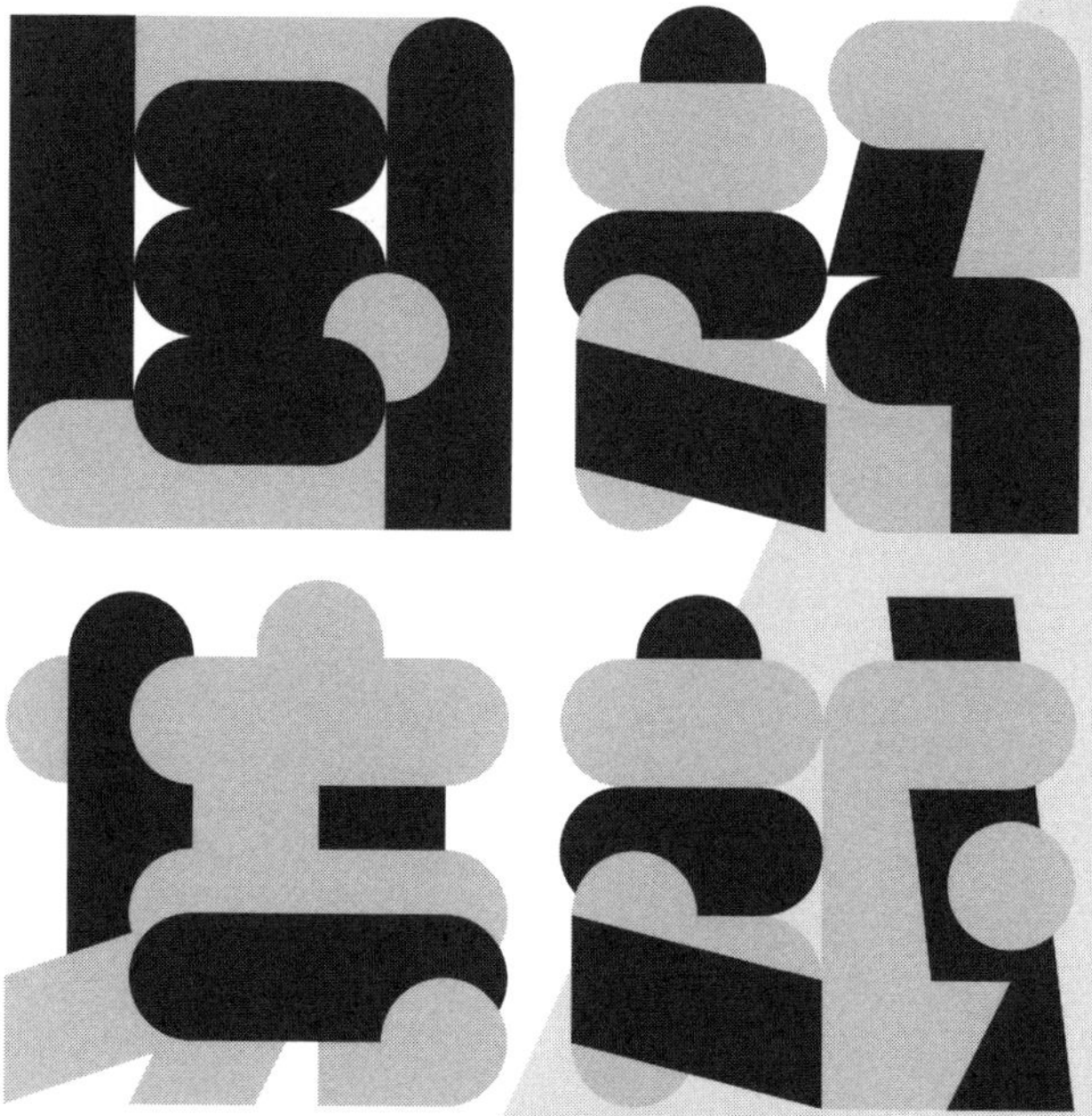

超越国境

安西直紀・著

日台若者交流会・編
早川忠孝・監修

超越国境
目次

装丁・本文デザイン —— 一ノ瀬雄太

特別寄稿

自我の超越

日台若者交流会名誉会長　李　登輝

今般、私が名誉会長を務める「日台若者交流会《にったいわかものこうりゅうかい》」の安西直紀《あんざいなおき》代表から、「超越《ちょうえつ》」をテーマにした文章を依頼され非常に嬉しく感じております。というのも「自我《じが》の超越《ちょうえつ》」は、私の人生に於いて精神的に非常に重要な意義を持つテーマだからです。私のこれまでの人生経験から得られたことを若い皆さんにお伝えできたらこの上ない喜びです。

これまでの人生に於いて、私はさまざまな過程を歩いてきました。政治分野では、重要な職務を任され、学術分野ではいくつかの学位をいただきました。しかし、一人の人間として、私は物心ついたときから「生きるとは何か、死ぬとは何か」を常に問いかけてきました。そのために、さまざまな哲学書を読んだり、キリスト教という信仰を得ることで、自我の問題や死の問題について深く考えてきたのです。

20世紀、科学は大きな発展をとげました。科学的知識が要求することは、普遍性、論理性、客観性です。これは「表面的、表層的意識」です。結局、科学的知識は物と物との関係です。心の中の深い所が問題にされていません。人間の寂しさ、生きてゆく価値といったものが、重んじられていないのです。

ところが、人間は面白い生き物で、何か絶対的なものを求める心がある。表面的意識に対抗して、内層的な意識は、絶対的なものを求める。ここに神と人間との関係が問題になってくるのです。

私は15、6歳の頃から、人生に於ける二つの大事なことについて考えておりました。一つは自我の問題、もう一つは死の問題です。

早熟だった私は、早くから自我意識を持つようになり、旺盛《おうせい》な求知心から、さまざまな書籍を読むようになりました。

父親が警察で働いていたので、学校は4回も転校して、友達が一人もいなかった。唯一のなぐさめは本を読むことでした。それから画家になろうとしたこともあったくらい、スケッチが好きでした。

『児童百科全書』という本を今でも覚えています。赤い表紙の大きな本でした。それを一生懸命読んで、何でも知っていました。だから、せっかくできた友達にも彼らが学校でいろいろなことを言ったら「うそつけ」と言って全部反対していました。自我ばかりが強くなって、よく母を心配させたものです。

自我の目覚めと共に、人間とは何か、私は何者だ、Who am I? という疑問が内心に芽生えてきました。

それで、自分を離れて無我の世界に入ってみたい、と思って座禅を組んだり、毎朝6時に起きて、一人で学寮の便所を全部掃除してまわったりしました。他の人がいやがることでも、己に勝つために何でもやったのです。

臨済禅師の語録である『臨済録《りんざいろく》』の中に「無位の真人《むいのしんにん》」という重要な言葉があります。人間とは何か、無位の真人である、と。

その頃、祖母の死を通じて、「死とは何ぞや」といった死の問題を考えました。そして死のもっとも重要な意義は、我々はいかに生きるか、何をすべきか、ということにあると気が付きました。これは大事です。

我々は、与えられた仕事を精神的に高い心でやっていかなければならない。実際に意義のある生を肯定すべきだと思います。

私の人生に於いてもう一つの特別な体験があります。第二次世界大戦のとき、私は帝国陸軍少尉でした。そして、名古屋で終戦を迎えました。日本全土は、米軍の空襲を受けて焼け野原でした。終戦後、すぐに原爆で破壊された広島と長崎に行って、その惨状を見たとき、計りしれないほどの感慨を覚えたのです。

それまで私は、自我や死を観念的に考えていて、物質の問題には関心がありませんでした。それからの約10年間、私の心には唯物論的な思想が生じ始めました。その間、社会の経済復興は目覚ましいものでした。けれども、私は逆に心の虚しさを感じていたのです。

こうして半生を振り返ってみますと、私は、自我に打ち勝つ時期を皮切りに、生死の問題の探求を経て、終戦後は唯物論《ゆいぶつろん》に転換し、心の中の世界を満たそうとしましたが不可能でした。こういう心の虚しさは、さらに高い次元の存在を必要としたのです。私は絶対的なものを求めて、信仰を求め始めました。

5年間、家内とふたりで台北市内の多くの教会や集会所に足を運び、心の拠り所となる信仰を求めました。私は今クリスチャンですが、信仰を求めるその過程で、マリアの処女懐胎《かいたい》とか、キリストが十字架に磔《はりつけ》になって3日後に復活したといったことは、現在の科学的な知識や表面意識では絶対に説明できない、ありえないことです。それをどう信じるか、という問題にぶつかりました。

最後に得たものは何かというと、見えないから信じない、見えるから信じるというのは信仰ではない。信仰は表面意識ではなく、もっと深い内層的な意識で捉えなければならない、信仰は実践の問題です。実践し、体験して初めて分かる世界です。そのときに初めて、信仰を自分のものにできると。そして私は洗礼を受ける決心をしたのです。

61歳で台湾の副総統に指名されました。ただ、もともと私は還暦を過ぎたら山地へ行って原住民のために宣教をしたいという希望を持っていましたので心の中で悩みました。ただ、結果的にこれは与えられた職務だと思い、台湾のために尽くすことを決めたのです。

中国5千年の歴史は、皇帝中心の歴史です。皇帝は寡人と言われますが、皇帝一人、あるいはその親戚が全て権力を握る。そして好き勝手にやる。日本にもこの中華思想が少し残っています。アジアは、このアジアン・バリューといわれる中国的な古い考え方、政治から脱却しなければなりません。

そういう点で台湾の民主化は並大抵のことではありませんでした。一人というなら確かに総統は孤独です。でも、自我を超越し、信仰を持つことによって心の弱さを理解できる。私は一人ではない。台湾のために「私」を捨て「公」のために尽くすのです。その意味で、私は私であって私でない、つまり「我是不是我的我（私は私でない私）」なのです。

これが、私が冒頭で指摘した「私は誰だ」という問いに対する問題への結論です。この結論を得ようとして、実に35年以上の時間を費やしました。

私が総統になったとき、父が田舎の県会議員をしていて、私に便宜を図って欲しいと言ってきました。でも「公と私は別です。お父さんの頼みを聞くことはできない」と断りました。私が権力に執着せず、公私の区別をはっきりできたのは、自我を超越し、日本的教育を受けたおかげだと思っています。

さらに信仰を持つことによって大きく助けられました。この自我の超越と信仰により、私はどんな厳しい環境にも左右されず意思を貫くことができ、総統在任中の全ての行動の原動力となったのです。

よく「総統になって苦労したことは何ですか」と聞かれることがありますが、困難があればそれに立ちむかってきたので、正直言って、特に困難と思ったことはありませんでした。

「若者よ、超越せよ」

これが私が長い人生に於いて見つけた「私は誰だ」という問いに関する答えであり、私を捨てて公のために尽くす「我是不是我的我」の精神なのです。

李登輝［り・とうき］

1923年台湾・台北州淡水《たんすい》に生まれる。1984年 蒋《しょう》経国《けいこく》総統（当時）から副総裁に指名される。1988年蒋経国総統の死去により総統に就任。1990年の総統選挙、1996年の台湾初の総統直接選挙を勝ち抜き、総統を12年務める。2012年、日台若者交流会名誉会長に就任。コーネル大学農業経済学博士、拓殖大学名誉博士。著書は『武士道解題』（小学館）、『最高指導者の条件』（PHP研究所）、『日台の「心と心の絆」』（宝島社）など多数。

はじめに

超越国境プロジェクト主席・日台若者交流会代表　安西直紀

私はこの度、「超越国境《ちょうえつこっきょう》」というスローガンとメッセージを、高らかに世へ送りだすために、出版計画を立案し、「日台若者交流会」の設立に伴い、弾丸発射の勢いで本書の出版を敢行することと相成りました。

現代の日本社会を取りまく情勢と環境は、極めて混沌としています。とりわけ、多くの若者たちは何に対して人生の価値観を見出せばよいか、答えを出すことができないまま、ベルトコンベアに乗るが如く大学生活と就職活動を経て社会へと流れ出て行き、未来を描ききれずにいます。結果として、日本全土が閉塞感に覆われています。

そして、2年前の3月11日に東日本大震災が発生しました。凄まじい地震と襲いかかる津波。築きあげられてきた立派な町々と文明が一瞬で崩れさっていく衝撃。我々が目にした事実とショックは、計りしれないものがありました。

日本に生まれ育った我々は、原発事故のみならず、文明社会そのものが曲がり角に来てしまった事実を、強烈な形で喉元に突きつけられました。

震災の影響と疲弊した経済状況によって、日本の多くの若者が未来を見出すことができず、日本全体がヘトヘトに疲れ果てている。果たして、このままで良いのか？　我々は、このまま座して死を待つが如き、うら寂しき日本国及び日本社会を形成すべきなのか？

答えは、断じて否！　断じてNO！

我々は今だからこそ、自身の手で明るい未来を創造するために、逆境をバネにして、フルスロットルでアクセルを踏みこまねばならないのです。

そんな矢先に、日本の隣人である台湾の人々が震災後に我々の想像を超える、奇跡に等しい行動を巻きおこしてくれました。

台湾から日本へと届けられた義捐金は、実に200億円を突破しました。群を抜く世界一の金額が、人口2300万人の地から届けられたニュースによって、どれほど多くの日本中の少年少女、そして若者と大人たちが励まされ、感動と感涙に打ちふるえたことでありましょうか！

同時に、私は台湾と日本の間《あいだ》に生みだされた、この出来事に大変強い関心と好奇心を持つにいたりました。

なぜならば、台湾からの多額の義捐金には、その金額以上に、日本へ向けての「気持ち」が込められていると感じたからです。台湾が親日的であることは理解していましたが、その言葉だけでは片付けることができない「気持ち」が、一体どのような要素で構成されているのか、深く知りたくなりました。

2012年4月、震災から1年が過ぎた頃、内なる好奇心を胸に秘めて台湾の地を踏んだ私は、震災後の御礼の言葉を伝えたい思いで、ある人物を訪ねました。

その人物こそ、日本と台湾の絆を象徴する、李登輝元総統です。

かねてより敬愛していた、李登輝元総統との謁見《えっけん》を許された私は、感謝の念と共にいくつかの疑問を次のように伝えました。

「李登輝閣下、震災後に台湾から200億円を超える義捐金が届けられたニュースは日本中に驚きと感動の渦を巻きおこしました。それは金額以上に『気持ち』が込められていると感じたからです。

しかし、なぜ台湾の方々は、日本に対してこれほどまでに深い『気持ち』を届けてくれたのでしょうか?

私は、台湾の方々へ恩義をお返ししていくと共に、日本に対して感じている『気持ち』の元を知っていきたいと考えています。

なぜならば、その『気持ち』の中に、物質的には非常に豊かになりながらも、精神的に豊かであるとは言い難い状況に直面している、日本を初めとする先進国の人々が重きを置くべき価値観とヒントが隠されていると感じるからです」

すると李登輝元総統は、満面の笑みを浮かべながら、実にシンプル且つ、驚愕《きょうがく》の回答を発せられたのです。

「安西さん、あなたの気持ちはよく分かった。それならば、日本と台湾の若者同士の交流会をやりなさい。

文化交流を基軸にして、日台交互に大会を開き、台湾の人々の気持ちを知ることができる交流を沢山すればよい。私が名誉会長をやるから、あなたは代表をやりなさい」

思いも寄らぬ元総統からの電撃提言により、恍惚と不安の二つ我に在りの心境の中で「日台若者交流会」の設立が決まったのです。

東日本大震災の衝撃は次第に風化しつつあるのかもしれません。しかし、私はこの出来事を決して忘れることができません。むしろ、新たなる価値観を捻りだすために遭遇した衝撃と事実として、我々の世代が一生背負う命題になると確信しています。

我々が隣人である台湾を知ることから得られるヒントや収穫は、きっと沢山あるはずです。その一端を現在進行形で導きだすために、「日台若者交流会」は誕生いたしました。

本書は、記念すべき『超越国境』シリーズの第一作にして、超越国境プロジェクトの一環として、２０１２年に発足した「日台若者交流会」の活動と展望に焦点を当てて、筆者と「日台若者交流会」のメンバーが一致結束して書きあげたものです。

是非とも読者である皆々様には、怒濤の全章完全燃焼状態で読み進めていただきたい！

そして、国家間の境界線を軽々と飛び越えて、堂々と既成概念を突破するが如き超越国境の理念と精神を、共に爆発させましょう！

それではどうぞ!!

超越国境

第一章

Beyond the Border - Chapter 1

時空を超えた友情
～岡本秀世の物語～

この男たちは実在する！
時代も海も超えた先に
待っていた奇跡とは――

文：岡本秀世　編集：山岸宏

2008年夏　千葉県柏市

「それで今度、台湾に行くことになったんだよ」

息子、渉《わたる》の（といっても今年40歳の大きな息子なのだが）その言葉で60年前のある記憶がまざまざと蘇った。

岡本秀世《ひでよ》、78歳。戦後の高度経済成長期の時代を銀行員として70歳まで勤めあげ、まもなく妻を亡くし今は一人暮らしをしている。そんな私の家に息子はたまに遊びにくる。

その日もウイスキーを酌《く》み交わしながらとりとめもない話をしていた最中、息子の台湾旅行の話が出たのだった。この年になるまで私は旅行らしい旅行はしたことがなかった。行員時代は土日もないような忙しい毎日で、元旦に実家に戻ったと思ったら2日から出勤する有様。定年を迎えてからも妻の看病やなんやかんやで旅行をする暇もなかったのだ。

「台湾と言えば、すごく懐かしい思い出があるんだ。いや、思い出というか、その出会いがなかったら今の私はないかもしれないな。そう、渉も生まれてなかったかもしれない。

あの時の言葉は本当に忘れられないんだよ。あの言葉があったからお前を育て、忙しい銀行員時代をたいして休みもとらずに乗りきってこれたんだよな。折に触れてあの時のことを思い出すけれど、今はどうしているのか、もし会えるならば……もう一度、死ぬ前に会いたい」

きょとんとした顔をして息子は何があったのかを聞いてきた。どうして今になって話そうと思ったのか、60年も記憶の中にとどめていた自分の宝物のような体験を。年を重ねたからなのか、酔ったからなのか。その日私はとても饒舌《じょうぜつ》に息子に話し始めた。

1944年［昭和19年］冬　埼玉県川口市

「伝令！　第七工場に図面を！」

監督官の声に、14歳の僕は背筋をピンとのばして、「はい！」と答えた。東京にも空襲警報が鳴りひびくようになり僕の家族は台東区の上根岸《かみねぎし》から父の知り合いのいる埼玉県川口市の根岸《ねぎし》へ疎開をした。

同じ根岸でも東京から知らない埼玉へ行くことになった。今までの友達とは離ればなれになり、正直悲しくてたまらなかった。しかし、めそめそしている暇もなく大宮の中島飛行機の工場にかり出され、翌日から学徒動員で働いた。

東京にいた頃から戦闘機の電球をつくるといった作業を実際にやっていたので大宮でも同じ

ようなことをやるのは理解していたが、朝から晩まで肉体労働でこきつかわれるのは本当に嫌だった。しかも今までの勝手知ったる東京の土地ではなく、どんな扱いを受けるかも分からない。目に見えない恐怖でいっぱいになっていた。

そんな中、学校の先生に連れて行かれた工場で、なぜか海軍大佐から妙に気に入られ、工員ではなく僕は伝令で勤務することとなった。

東京育ちで埼玉に来る学生が少なかったことと家のしつけがしっかりしていたからなのだろうか。事実は分からないが、とにかく僕は上官の命令を伝達するために毎日走り回ることになった。

工場内はとにかく広い。毎日敷地に入ってから数分歩き、8つの工場が並ぶ右手側の海軍監督官室に足を運ぶ。他の工場とは違って一番上等なこの建物の中に工場全てを統括する監督官や設計士たちが集まっている。大人の中でも偉い人たちが集まる部屋にいつも少し緊張しながら入るのだった。

監督官から言われた内容を紙に書きとり、自転車にまたがって他の工場に走る。ろくな靴がはけない毎日だった。しかし伝令は大切な仕事だから工場からちょっとした靴を支給された。身なりは全体的にぼろぼろなのに靴だけがやや新しいという、なんとも不格好である。

当時の集合写真。マル印が少年時代の岡本秀世。

戦時中の岡本秀世。

そんな装いで一つの工場が体育館2個分くらいはある工場の全てに伝言をする。思った以上に重労働だったが、今まで話ができなかったような上の人と話ができる。工場の中で自分だけが他の人と違った大切な役目を担っている。そんなちょっとした優越感も持ちながら、日々の仕事に邁進《まいしん》していた。

ある日のこと、作業計画室設計室で話をしている数人の集団が聞き慣れない言葉を話しているのを耳にした。

「どこの言葉ですか」

「これは台湾語だよ」

生来の積極性で話しかけた僕に彼らは笑顔で返してくれた。彼らは当時、日本の統治下であった台湾から日本に学びに来ている数名の学生だった。

学者肌の劉《りゅう》さん、優しげな陳《ちん》さん、農場の生まれで少しぽっちゃりとした孫《そん》さん、そして歌のうまい郭《かく》さんの4人は18、9歳だったろうか。坊主頭にカーキ色の詰め襟で足にはゲートルを巻いたその姿は、僕たちよりもシャキッとした装いで同年代の日本人とは違って見えた。それもそのはず、彼らは台湾でも優秀な学生で機械の設計など日本の技術を学びにきているエリートだった。

年が近かったこともあり、日本人でも接点の多かった僕はすぐに彼らと打ちとけ、あんちゃんと呼びしたうようになっていた。工場の隅に大きな広場がある。昼休みになるとそこでいろんな話をするのが日課だった。とりわけ4人の中でもリーダー格の劉さんは、本当に物知りで難しい漢字や中国の歴史などを教えてくれた。学徒動員で前の年から学びに触れていなかった僕にはすごく興味をくすぐられる話であった。

「秀ちゃんは本当にいろんなことに興味を持つね」

そういってあんちゃん達は僕を秀ちゃんと呼び、僕が熱心に話を聞こうとするのをいつも褒めてくれるのだった。ある時には、僕がいつも粗末な食事をしているのを見かねて、当時あまり手に入れることのできなかった甘味料をいくつかくれた。

どうして日本人の僕にそんなに優しくしてくれるのか、そんな時、劉さんは笑ってこう言った。

「何人なんて関係ないよ、同じ人間。困った時は助け合いさ」

カンパンなども何度か差し入れてくれた。朝は雑炊、昼は芋の炊いたもの、夜も雑炊、毎日まともな食事をしていなかった僕は与えられるままむさぼるように食べた。

そして台湾の食事・台湾の風景・台湾の気候、あんちゃんたちから聞くまだ見ぬ台湾は本当にまばゆかった。

「いつか、戦争が終わって秀ちゃんが大人になったら台湾においで。いろんな所を案内してやるよ」

僕はそんな誘いをたまらなくうれしく思った。

忙しく厳しい毎日の中でも時には急に歌が始まることがあった。陳にいちゃんは歌が上手で赤城《あかぎ》の子守唄やエノケンの歌、当時はやったさまざまな歌を歌ってくれた。歌が始まるとみんなで小さく（あまり目立つと工場からしかられるので）踊りだす。そんな時は一人年の離れた僕も一緒になって踊りに混じるのだった。

ただ、いいことばかりではないのが現実。日本以外の特に大陸系の人種に対する日本人からのいわれのない差別はよくあることだった。

劉さんや陳さんに対しても、「日本人じゃないのに大きな顔をして歩くんじゃやねぇ」といった工員からの罵声《ばせい》が飛ぶのを何度も聞いたことがあるし、軽いもみあいのような形になるのも目にした。どうしてあんなに優しくしてくれるあんちゃん達に対してひどいことを言ったりするんだろう。私は常に違和感を覚えていた。

それまで大陸系の人に対する印象は決して良いものとは言えなかったが、台湾のあんちゃん達に対する罵声を聞いていると何度も止めたい気持ちになった。国が違うから良い人悪い人というのではなく、人として良いか悪いかではないかとおぼろげながらも思った気がする。

戦争の波はしだいに日本全土を襲った。1945年3月の東京大空襲では自分が住んでいた周りがほとんど燃えたと聞き、同級生の多くが命を落とした。

僕にも恐怖が襲った。それは工場からの資材を他の工場に運ぶトラックに乗り、数人の仲間と共に揺られていた時だった。ごうごうと異音がしたので上空を仰ぎ見ると、数機の戦闘機がかなりの近さで接近しているのが見えた。

「退避！　退避！」

上官の叫び声ではじけるようにトラックの右側に飛びだした僕はうなるような機関銃の音を耳にした。トラックの左側から飛びだした連中のそばに火花があがる。悲鳴ともつかないような叫び声を耳にしながら、何とか生きのびた僕は、数時間後に左側に飛び降りた仲間たちが皆亡くなったのを知った。

それから、あれは同年8月の始めだったか、普段の仕事とは違い、工場で鉄の角材を同い年くらいの学生と運んでいた時のことだった。あっ、という声も出ぬ間につんのめるように倒れ、僕はたたらを踏んで角材に体をはさんでしまった。手と足に大きな負荷がかかり、痛いという声がくぐもるように唇からもれた。

目の前に僕以上に体を折りまげ涙を流している子がいる。一緒に運んでいた学生だ。すぐに救急隊に運ばれ検査を受けると、全治10日間。ねんざをひどくやったらしい。空襲がひどくなる最中、家に一人でいるのは気がふさいで嫌だった。何より台湾のあんちゃん達と話ができないのはとてもつまらなかった。

一日一日が静かに過ぎてゆき、そのまま8月15日を迎えた。よく分からないラジオ放送を聞きながら大人たちが戦争が終わったというのを聞いて、そうなのかと静かに感じていた。

私には戦争が終わったことでどうなるのかがよく分からなかった。ただあんちゃん達がどうなってしまうのか。これから先も工場に居続けるなんてことはないのではないか。胸騒ぎに襲われ、工場のほうに向かった。

終戦からしばらくの時がたっていたので、すでにアメリカから兵士が各主要施設に派遣されていて、日本は敗戦国として乱雑に扱われていた。工場には日本人は雑務をすませる人しかおらず、台湾や他の国の人は連合国側として別の場所に移されていた。

広場の一角に何台ものトラックが止まっていた。その一団の中にあんちゃん達もいた。今を逃すと二度と会えない、直感的にそう思った。

「劉あんちゃん！　陳あんちゃん！」

声をあげてあんちゃん達のもとに走りよった。

「秀ちゃん！　秀ぼう！」

劉あんちゃんはぐっと僕を抱きしめた。目には涙を浮かべていた。他のあんちゃん達とも抱きあった。

「元気でな、がんばるんだぞ」

その言葉にしだいに涙があふれてきた。そして、劉あんちゃんは僕の両肩に手をぐっと添えて話し始めた。

真正面から目を見つめて、一言一言を噛みしめるように、

「僕たちは日本人だ。日本が大好きだ。戦争に負けて悔しい。残念だ。だけど、秀ちゃんのような若者がいれば必ずまた今以上にすばらしい日本をつくることができる。がんばれよ！　がんばれよ！」

「あんちゃん……」

急に自分の体が後ろに引っ張られるのを感じた。アメリカ兵が私の体をはがいじめにしてあんちゃん達から離そうとする。あんちゃん達にも距離をとるように指示している。必死にもが

いて、やめろやめろ、と声をあげるが強い力で工場の外へと連れて行かれる。何度も何度も叫んだ。

「あんちゃん！　あんちゃん！」

あんちゃん達が視界の中で小さくなってかすんでいく。あんちゃんも体を前に出して必死に声をかけてくれているが、兵たちに引っ張られ、だんだんと遠ざかる。

声は聞こえたのかどうか分からない。だけど僕にはそう劉あんちゃんの口が動いたように見えた。

「秀ちゃん！　いつかまた、会おう！」

工場の外につまみ出されて、それでも声をあげていた。ただ、兵たちに引っ張られて体を押さえつけられると、それ以上無理をすることはできなかった。

幼い自分に弟のように接してくれた。いわれのない差別の中でも人と人を区別することなく接してくれた劉あんちゃん。腹ぺこの時にくれたカンパンの味。工場に響くエノケンの歌。あんちゃんの笑顔が脳裏をかけめぐった。

もう二度と会えないんだ、そう思うと涙が止まらなかった。工場の広場の隅であのあんちゃんたちと笑いあった場所で僕は座りこんで頭をかかえ、いつまでもいつまでも泣き続けた。そして、いつかきっと劉あんちゃんのような立派な人間になる、そう強く誓った。

2009年秋　東京都目黒区

「60年前に別れた台湾の兄と再会したい……ですか」

「親父がそんなことを考えていたなんて知らなかったんです」

岡本渉はある男性に話をしていた。安西直紀、2年前に出会った友人で各地を旅し、国際的な人のつながりも深い人物。彼に父から打ちあけられた60年来の夢を相談していた。

「渉さん、手がかりはあるんですか?」

「台南から埼玉の軍需工場に勉強に来ていたことと名前くらいで」

「その方々の写真とかは……残ってないんですね、見つかる可能性は限りなくゼロに近いですね」

「安西さん、僕はこの年になるまで、親孝行らしい孝行なんて一つもできなかった。

定年後、親父は母を亡くしてめっきり年老いた。親父も、もうすぐ80歳。残されている時間は少ない。だから、できるかどうかなんて分からないけれど、ただ、なんとかしてやりたいんです」

「分かりました。普通に考えたら無理に決まっているかもしれませんが、1%でも可能性があるならやってみましょう」

2010年1月25日　台湾へ

私は飛行機に乗っていた。渉の台湾への劉あんちゃん探しの話を聞いた時、雲をつかむような話だと、最初は本気にしていなかった。ただ、あんちゃんたちが語ってくれていた台湾の風景や町並み、そういったものを見てみたいと思った。

高度経済成長の時代で休みをとれなかった40年近い歳月。妻が年老いた後、病気になっ

台北を代表するゲストハウス山田屋にて。
深夜まで作戦会議が続いた。

て旅行などという話にならなかった数年間。ただ、台湾に行ってみたい。台湾の地を踏んで、感謝の念を伝えたい。そう思って私は生涯初の台湾行きに賛成したのだった。

1月26日　台北　山田屋

安西さんの友人の山田玄《ひろし》さんがやっている、バックパッカーの宿、山田屋にて台湾高座会《こうざかい》の存在を聞く。

さらに安西さんの盟友、小佐野弾《おさのだん》さんに会う。小佐野さんは、台湾のマスメディアとのつながりもある方で、メディアを使って呼びかけることを提案してくれた。難易度は高いが働きかけてくれるとのこと。

初日から幸先よく話が進む。少しだけ期待が膨らむ。

1月27日　台湾高座会

名簿をめくる。話を聞く。名簿をめくる。

台湾高座会総会長の李雪峰氏との会見。
岡本秀世の手元にあるものは貴重な名簿だ。

このエピソードの重要人物、小佐野弾氏と出会う。
意気投合して抱擁を交わす。

台南にて。有力者にも会うことができた。

台中にて。時間が迫る中、捜索を続ける。

台湾高座会の総会長、李雪峰《りせっぽう》氏に教わりながら二時間が過ぎていた。

台湾高座会は戦時中に台湾から少年工としてやって来ていた人達の同窓組織で、数百という名簿が存在する。その中に劉さんがいるかもしれない。その一心でページをめくる手にも力がこもる。

年老いた目にはかなりの負担がかかるが、やめるわけにはいかない。劉という字があるたびに心が躍る。しかし、数時間にもおよぶ作業は、成果にはつながらなかった。

1月28、29、30日　台中・台南

安西さんがあらゆる方面にお願いしてくれていたおかげで、台湾各地の有力者や市長との会食に招かれた。その席で捜索をしてもらえるよう直にお願いをした。

しかし途方もつかない話らしく、探してはみるが難しいだろうとのことだった。市長クラスでも難しいとは……。暗雲が立ちこめる。

聯合報の取材を受ける。

少しして小佐野さんから連絡が入る。台湾人のジェシーさんという方が聯合報《れんごうほう》という台湾では最大手の新聞社に勤めているので、相談をしてみたと言う。ただ結果は色よいものではないそうだ。

台湾では戦争に関するニュース、とりわけ日本統治下の話題が必ずしも良いものとしてうつらないため、取りあげられることはほとんどないと言う。

上司に伝えてはみるが難色を示されることは間違いないそうだ。悲しい話だが、これが現実だ。

海角七號 友情版…

80歲日老翁 找66年前大哥哥

日本快戰敗期間「給我糧食撫慰心靈…那種溫馨感覺現仍記得 盼有生之年 相見親口道謝」

上周三 左營偵獲不明物

中共潛艦入侵？我

還記得我嗎

2010年2月1日付の聯合報。カラーで大きく報道された。

1月31日　台北最終日

帰国まであと1日となった。本当に早い一週間だった。

この数日で会った人は数十人を数える。どなたも本気で自分のことを応援してくれている。仕事の時にもこれほどまで多くの人に応援されたことがあっただろうか。

ただ、やはり途方もない話だったのだ。60年以上前の話、しかも戦争当時の話、誰も掘りかえしたがらない話なのだからと、そうあきらめかけた時だった。

「取材？　聯合報で？　はい、本当ですか！」

安西さんがこちらに顔を向ける。

「岡本さん、聯合報が取材をして下さるとのことです」

耳を疑った。どうしてそんなことが。

＊

6時間前の聯合報新聞社。

「戦争は確かに悲しいことかもしれません。ただ戦争を否定するあまり、人と人の国を超えたつながりを埋もれさせてしまうのはあってはならないことではないですか」

上司に向かって声を大にしていたのはジェシーさんだった。その熱意が上役たちに伝わり、取材が実現することになった。

安西さんから小佐野さん、ジェシーさんへ、熱気を帯びた一声が飛ぶ。

「岡本さんの一生に一度の思いを叶えてあげたい、そ

再会直前。当時の思いが頭をよぎる。

れができるのは今しかない！」

2月1日　台湾全土

翌日、朝刊の11面のほぼ1ページ近くに記事が掲載された。

「80歳の日本人男性、66年前の兄貴分を探す」

始めからチャンスが微々たるものであることは分かっていた。しかし心の奥底に沈んでいた思いが湧きあがってきた時、やはり自ら台湾に渡って会いたいと強く思った。

もう一度ありがとうと言うために。

2010年9月　再び台北

半年後、私はふたたび台湾にいた。

本当に劉さんが現れるのか？　とても信じられなかった。

あの後、一度帰国した私のもとに安西さんから電話が入った。台北に住む老人が劉さんでは

66年の時を経て再会した劉文光さんと岡本秀世。

ないかという親戚が現れたと言うのだ。半信半疑だったが、話を聞くと内容は確かに一致する。

ただ、間違いだという可能性も非常に高い。手がかりと言えば、劉・陳・孫・郭という名字と、台南から埼玉に来ていたということくらいで、写真もほとんど残っていない。なにしろ66年も前の戦時中の話なのである。

ただ、私は、もし劉さんではなかったとしてももう良いと思っていた。こんなに年をとった私の死ぬ前のたわごとを本気で考えてくれた渉。

そして、一銭にもならない、普通に考えれば不可能だと一蹴されるようなことなのに、渉の気持ちを全力で形にしようとしてくれた安西さん。

山田屋の主人である玄さんも、会ったことのない私の話をなんとかしようと普段は関わりのない台湾高座会の方々に連絡をとって下さった。

台湾高座会の皆さん、とりわけ李雪峰さんは高齢にも関わらず私たちの話を真剣に聞いてくれて、名簿を見せてくれたり一生懸命になって下さった。

また、小佐野さんが本気で聯合報のジェシーさんに伝えてくれたおかげで、ジェシーさんは戦争に関係した話題などほとんど取りあげられることがない聯合報に、記事にすることが必要だと全力で上司に掛けあってくれた。

他にも台北・台中・台南、今日まで私は本当に多くの人に力を貸してもらった。この旅の間だけで1年間に会った人の数よりも多くの方々に出会い、彼らからたくさんの元気をもらった。もうこれだけで十分だろう。私はもうすぐ80歳になる。この年になるまで旅行なんてとんでもない、変わったことなどせずにただひたすらに仕事に取りくんできただけだった。

台湾での5日間、そして安西さんたちと出会ったこの半年あまりは毎日が驚きの連続であり、冒険だった。妻が亡くなってぽっかりと空いた穴、その穴を埋めていただいた気がする。そして、ここまでたどりつけたのだ。それが最高の贈り物だと思う。

劉文光さんと岡本秀世を囲んで撮影された一枚。

中華民國九十九年九月十九日 星期日

戰爭情緣 66年後再續

本報報導尋人成功 岡本秀世來台見劉大哥又哭又抱

台日老友重逢 樂像小夥子

【記者曾雅玲／台北報導】「接到消息時，我說不出話，內心激動難以言喻，哭得比妻子過世時還激烈……。」今年一月，八十歲日本老翁岡本秀世，為了尋找六十六年前別離的台灣友人專程來台，希望有生之年能相聚。經本報報導後尋人成功，昨日久別重逢相見歡，猶如「海角七號友情版」。

岡本先生十三歲時正值太平洋戰爭後期，日本政府規定學生每周上課一天，其餘時間至工業部門勞動，岡本因而被派到中島飛行機公司（富士重工的前身）實習，結識來自台灣的年輕士兵。

戰爭結束後，這群學生兵遣返台灣，岡本就此與他們失去聯絡，只記得住台北的劉姓青年長得像日本老牌影星三船敏郎、住嘉義的陳姓青年很會唱日本軍歌，以及長得像日本演員長谷川一夫的孫姓青年。

二月一日，劉姓青年的堂弟劉國強看到本報報導後，立即通知背景資料幾乎一樣的堂哥劉文光。在本報協助聯繫岡本親友後，雙方昨天在台北家中見面。

陪同父親訪台的岡本涉說，父親昨天一早起床便開始期待，直說：「就要見面了，怎麼辦？怎麼辦？」終於見面那刻，雙方凝視許久，看著彼此不再稚嫩的臉龐，微笑無語，所有滄桑與思念盡在不言中。

「就是他，我還記得他的臉，他對我真的就像親哥哥一樣。」與劉文光並肩而坐，岡本秀世興奮說，回憶六十六年前在飛行機工廠的日子，那時自己年紀小，只能騎腳踏車傳達號令，總羨慕地看著駐紮在飛行機工廠的劉文光做軍操、駕駛軍車。

劉文光也說，常想起舊日時光，還記得岡本的年輕模樣，非常感動日本老友遠道而來，費盡心力苦尋。久未謀面，原本兩人還有點「ㄍㄧㄥ」（僵持），但在「太平洋行進曲」與「同期的櫻」等經典日本軍歌聲催化下，兩人合唱、握手、乃至擁抱，彷彿回到小夥子時那般親暱。

透過本報報導的協助，日本老人岡本秀世（右）順利來台尋友
記者陳俊吉／

再会翌日、2010年9月19日付の聯合報。新聞の2面にカラーで報道された。

このエピソードは、2012年9月13日に
フジテレビ系のバラエティー番組「奇跡体験！アンビリバボー」に於いて
「もう一度逢いたい　～海を越えた絆のリレー～」と題して全国放送された。

＊

階段をゆっくりと上がってくる影が見える。

手すりにつかまりながら一歩、また一歩と歩を進める。そばには介添えの方が手を携えて、覚束ない足取りの一人の老人が姿を見せた。

顔はしわくちゃになり髪もだいぶうすくなっている。昔の面影はほとんど残っていない。だが徐々にはっきりと顔が見えるにつれ、あの精悍でみんなのまとめ役を担っていたありし日の姿・形がはっきりと思いかえされる。

「あんちゃん……」目の前がぼやけ、

熱いものがじわっと頬を伝う。胸の奥からわけも分からない熱さが全身に伝わる。

ずっとずっと私の心の中にいた、あんちゃんが、そう、あの66年前に別れたあんちゃんがまぎれもなくそこにいるのだった。

「秀ちゃん」

短い言葉が劉さんの口から発せられたとたん、私たちは互いに抱きあっていた。言葉にもならない言葉。わけも分からない感覚が体に流れこんできて体中を駆け巡り、脳がひっぱられるような感じがする。

人の思いが人を動かし、海を越え、国と国を超えた、人と人とのリレーが時空さえも超えて、今つながった。

ようやく私はずっと伝えたかった言葉を口にした。

「あんちゃん、ありがとう」

2012年12月　千葉県柏市

あの忘れられない一日から2年半がたった。その後も年に1回は台湾へ行き、劉文光さんと会っている。お互いに何ということを話すわけではないが、会ってお互いの顔を見るだけで我々にとっては最高の時間なのだ。

今回ひょんなことで自分が巡りあった台湾のあんちゃん達との出会い・別れ・そして奇跡の再会をこうして本にしていただくことになった。私は自分が動乱の時代を生き抜けたこと、そして14歳のあの年、戦争の最中に台湾のあんちゃん達と出会えたことを本当に縁だったと思っている。

あの出会いがなければ、そしてあの言葉をかけてもらっていなかったとしたら、自分は高度成長の激しい日本を乗りきれなかったのではないだろうか。

こうして80歳近くなって再会しようと思いたち、その思いが形になったのは多くの方の願いとなって幾重にも重なった結果だと思う。

国境とか人種とか思想とか体制の違いとか、そういったものは人間がつくったものに過ぎない。そういうものを乗りこえて人間同士の裸の付き合いが絆となる。

みなさんの愛情や思いがつながって今回の再会が実現したことを、もう一度この場を借りてお礼を言いたい。

「本当にありがとう」

最後に、私が長い歳月を経て皆さんにお話しできること、それは「初心忘るべからず」の言葉だ。

初めて習った時の気持ちを忘れずに何事にも取りくむと、すべからく前に進むように思う。私は、自分が仕事ということも分からないような年齢から働いていた時に台湾の兄たちに言われた、

「秀ちゃんのような若者がいれば必ずまた今以上にすばらしい日本をつくることができる」

あの言葉を頼りにがんばってきた。今の日本は、いろんなものがあふれていて、多くの人はそんなにがんばらなくてもいいと思うのかもしれない。だが一生懸命、一所懸命、一つの場所で自分の思っていない仕事だったとしてもやり続けることで、少しずつ楽しさが分かってきたりするものだ。

自分の人生に忘れられない一瞬があってそのおかげで今日まで生きてこられた。そして65年以上の歳月がたった後でもあんちゃん達と会うことができた。人生には無限の可能性があるような気がする。

超越国境の理念と実践を元にして、時空を超えて結実したこのエピソードは、２０１２年9月13日にフジテレビ系のバラエティー番組「奇跡体験！　アンビリバボー」に於いて、「もう一度逢いたい～海を越えた絆のリレー～」と題して、全国放送されるに至りました。

「もう一度、死ぬ前に会いたい」、岡本秀世氏のこの言葉と、「親孝行をしたい。できるかどうかなんて分からないけれど、ただ、なんとかしてやりたい」という岡本渉氏の思いに心を揺り動かされた我々は、成否を考えるよりも先に、行動へと踏み出しました。

出会いは人生の財産であると感じます。我々は、今後も心の奥底まで響くような出会いや出来事を追い求めて、世界中の如何なる場所へも赴き、成否を超えて、熱意と創意を持った全力投球を行ってまいります。

超越国境

第二章

Beyond the Border - Chapter 2

超越国境視点で見た日台関係

「日本と台湾は隣人の域を超えた特別な間柄。もはや親戚関係ですよ」。台湾の知識人が私に伝えた言葉です。一体なぜ、日本と台湾は特別な間柄だと言えるのか？　本章では、データとアンケートを通して見えてくる日台関係にフォーカスを当ててまいります。

文：佐野英志・橋本紗友里

日台関係概説

日本と台湾は特別な関係にある。『似て非なるもの』それが日本と台湾である。それは歴史的、経済的、文化的などさまざまな側面があり、日台関係を考える時にこれら三点は欠かすことはできない。

台湾は現在、国際社会の中では一部の国々を除いて国家として認められていない状況にある。さらに歴史的経緯もあり、日本とは正式な国交は樹立されていない。しかし台湾は日本人に特別な親近感を与える。何がこの感覚を与えるのだろうか。

本章では現代の日台関係の中に生きる人々へ焦点をあて、その関係を捉えていこうと思う。そもそも日台関係とは何であるのか。私たち日本人が台湾に感じるこの親近感の正体に迫っていきたい。

台湾の概要

両国の関係を考える前に、まず台湾がどんな場所かを紹介しよう。

台湾とは沖縄より南に位置する島である。大きさは３万６０００平方キロメートルと日本の九州よりやや小さく、人口は約２３３３万人（２０１３年現在）。主要都市は首都の台北と高雄である。

台湾は１９９０年代より安価な労働と高い品質で多くの企業から投資を得て著しい経済的成長を遂げた。特に主要産業にはＣＰＵチップやコンピュータ産業があり、ハイテク製品の輸出によって経済力を蓄えてきた。

実際に、日本の家電量販店などのパソコン売り場には沢山の台湾製のパソコンが陳列されている。例えば、パソコンメーカーのＡｃｅｒ（エイサー）社やＡＳＵＳ（エイスース）社などがその代表例だろう。

歴史的には、オランダ、鄭氏《ていし》政権（明朝）、清朝、そして日本の統治を受けてきた。１６２４年にオランダの植民地になったが、鄭成功《ていせいこう》という明の軍人によって攻撃を受けオランダ・東インド会社は撤退する。

家電量販店に並ぶ
台湾メーカーのパソコン。

そして台湾は「東都」と改名された。

鄭氏政権が滅ぼされ清朝の統治下に入ると、台湾は「化外の地《けがいのち》」と呼ばれる未開発の土地で、さほど重要視されなかった。

清朝が台湾の開発に消極的になる理由の一つは、台湾の北部が亜熱帯、南部が熱帯気候であり、マラリアやデング熱などの熱帯病が蔓延していたことにあった。

その後清朝が帝国主義の大きなうねりに呑みこまれる1800年代終わりに、日清戦争の講和条約である下関条約によって、台湾は1895年に日本に割譲される。

ここから日本が太平洋戦争に敗戦する1945年8月まで、実に50年以上にわたって日本の統治を受ける。台湾はこの間に日本による積極的な開発によって都市が形成され、教育制度の整備などが行われ、「化外の地」から近代国家の一地域として歩み始めるのである。

そして、1945年10月に、蒋介石によって台湾に国民党政府が樹立される。冷戦時代という大河の中で日本は台湾にある国民党政府ではなく、大陸の中華人民共和国いわゆる中国共産党政府を国家として正式に認める。

これらのターニングポイントが現代の日本と台湾の不思議な関係を形作っている。特に日台関係をみていく上で日本統治下の台湾を理解することは欠かせない。

戦前の日本と台湾

戦前の台湾では、日本政府がどれほど当地の開発を重要視していたか、現地に派遣された人々の貢献を見れば分かる。児玉源太郎《こだまげんたろう》など日本本国にとっても重要な人物が多く派遣されていた。児玉源太郎は明治期の日本陸軍に於ける代表的な人物で、戊辰戦争、西南戦争と従軍し日本陸軍の最前線に立ち、台湾に赴任する頃には陸軍中将となっていた。後の日露戦争では満州軍総参謀長を務めている。

また、日本国内に限らず、ロシア、フランス、ドイツ（バイエルン）に於いても勲章を授与されるなどその評価は世界的に高いものであった。

このように児玉源太郎が当時の日本の発展に於いて非常に重要な人物であり、彼を筆頭に『武士道』を著した新渡戸稲造《にとべいなぞう》や、音楽教育の第一人者である井沢修二《いさわしゅうじ》などを派遣した事から、日本政府が台湾の開発にいかに熱を入れていたかが推測できる。

これに加えて、神奈川県の江ノ島にある児玉神社への台湾住民からの寄付についても触れておく。

児玉神社はその名のとおり、児玉源太郎の没後、軍人としての偉業を称え彼を祀ったものである。この神社の創建そのものは日本人の手によって行われたが、台湾婦人会によって鳥居が、台湾の有志の手で狛犬が、そして児玉の没後１００年にあたる２００６年の例祭に扁額《へんがく》が李登輝氏から奉納された。特に狛犬がこの神社では有名で、その風貌はどこか中華文化を纏《まと》っている。

では、戦前の日台関係を見ていこう。児玉は１８９８年に台湾総督に就任すると、手始めに社会的インフラを施設することに着手した。台湾を統治するにあたり、最大の障壁は不衛生な環境であった。

清朝統治時代にマラリアやデング熱などの熱帯病によって本国からきた役人や軍人の統治事業に支障が出ていた。この問題は統治主体が日本であっても例外ではなかった。そこで１８９８年、台湾総督となった児玉は防疫に精通した後藤新平《ごとうしんぺい》を台湾総督府に招《しょう》聘《へい》した。

後藤は、当時医学に於いて最先端の研究を行っていたドイツに留学、医学博士を取得したま

児玉源太郎を祀る児玉神社。

さに疫学のエキスパートであった。児玉は後藤の知見を活かし台湾の衛生環境の向上をはかった。

後藤は「生物学に則った統治」を推進し、台湾現地の習慣や社会制度を徹底的に調査し、日本式の統治を上手に台湾で実現した。これによって台湾社会は日本的な精神構造をもった制度と台湾の社会的習慣（具体的には中華思想と原住民の間にある信仰や習慣）が混在する地域となった。

例えば、有名な政策に、台湾で問題になっていたアヘン吸引の文化の根絶がある。後藤はアヘンの吸引が文化であるということを考慮し、一切禁止にするのではなく、アヘンに高い税をかけて緩やかに台湾住民の自発的なアヘン吸引の根絶を実現した。

これらに加え、台湾では児童義務教育が実施されるなど基礎教育の普及が目指された。台湾初の初等教育機関が台北市の士林《シーリン》に設立され、台南師範学校（現国立台南大学）、台北帝国大学（現国立台湾大学）などの高等教育機関も設立された。これらの高等教育機関で多くの台湾人が日本語で教育を受け、日本本土への留学生も多かった。

このように、日本は台湾を搾取《さくしゅ》するための植民地ではなく、日本の一地域として同等、それ以上に台湾の開発に心血を注いでいたことが伺える。この地域を意識した積極的な開発は、その後100年以上続く日台関係に大きな影響を与えることになる。

現代の日台関係

　前節では日本統治時代の日本と台湾の関係を歴史的側面から紐解《ひもと》いてきた。この節では経済的結びつきや文化的結びつきなどのデータから現代の日台関係を捉えていこうと思う。日本と台湾は国交を樹立していないにも関わらず親密な経済関係を持つ。台湾財政部の発表によれば、２００８年度の統計では貿易総額の第１位が中国大陸の７兆８６１８億７９８３万１２００円（1ドル＝80円で換算）で、全体の約20パーセントを占めた。第２位は日本の５兆１２５０億３４０５万８５６０円（1ドル＝80円で換算）で、全体の約13パーセントを占め、第３位は米国の４兆５６９３億５７１２万１３６０円（1ドル＝80円で換算）で、全体の約12パーセントを占めた。この数値だけとってみても、日本と台湾の親密な経済関係が分かる。

　では、文化的関係では日本は台湾にとってどのような相手なのだろうか。代表的な文化的交流として留学があげられるだろう。

　今日、グローバル化する国際社会に於いて外国で高等教育を受ける人の数は年々増加している。このトレンドの中で、日台間でも人の往来は日々行われているのである。台湾にも帝国大学が設立されていたが、台湾から日本への留学は戦前から実に盛んに行われていた。実際に総統も務めた李登輝《りとうき》氏も台湾の旧制高校へと進学し、そこから京都帝国大学へ進学し農業経済を学んだ。

また現代に於いても多くの留学生が日本へ訪れている。その数は４５７１人と平成23年度の留学生受け入れ国第5位となっている。

もちろん日台間の往来をする人々は留学生だけに留まらない。２０１０年の統計によれば約1億7千万人の全出国者数のうち、約１１００万人が台湾へ入国している。

これに加えて２０１０年の日本旅行業協会の統計によれば約１１０万人は台湾を観光目的で訪問し、日本からの海外旅行先では第7位となっている。

これらの理由の一つとして両国の親近感があげられるであろう。この親近感はいうなれば、台湾国内の親日感と日本国内の親台感といえる。台湾はよく親日国家であるといわれる。

親日度を示す意識調査も数多く存在している。特にアジア圏に於いても親日度は比較的に高い。例えば、主要アジア10ヶ国に於ける意識調査によれば、日本に好意的だと答えた台湾の人々は全体の80パーセントとかなり高い数値を示している（グラフ参照）。

また、２００９年の財団法人交流協会による台湾国内に限定した意識調査では台湾以外で

日本という国が好きですか？

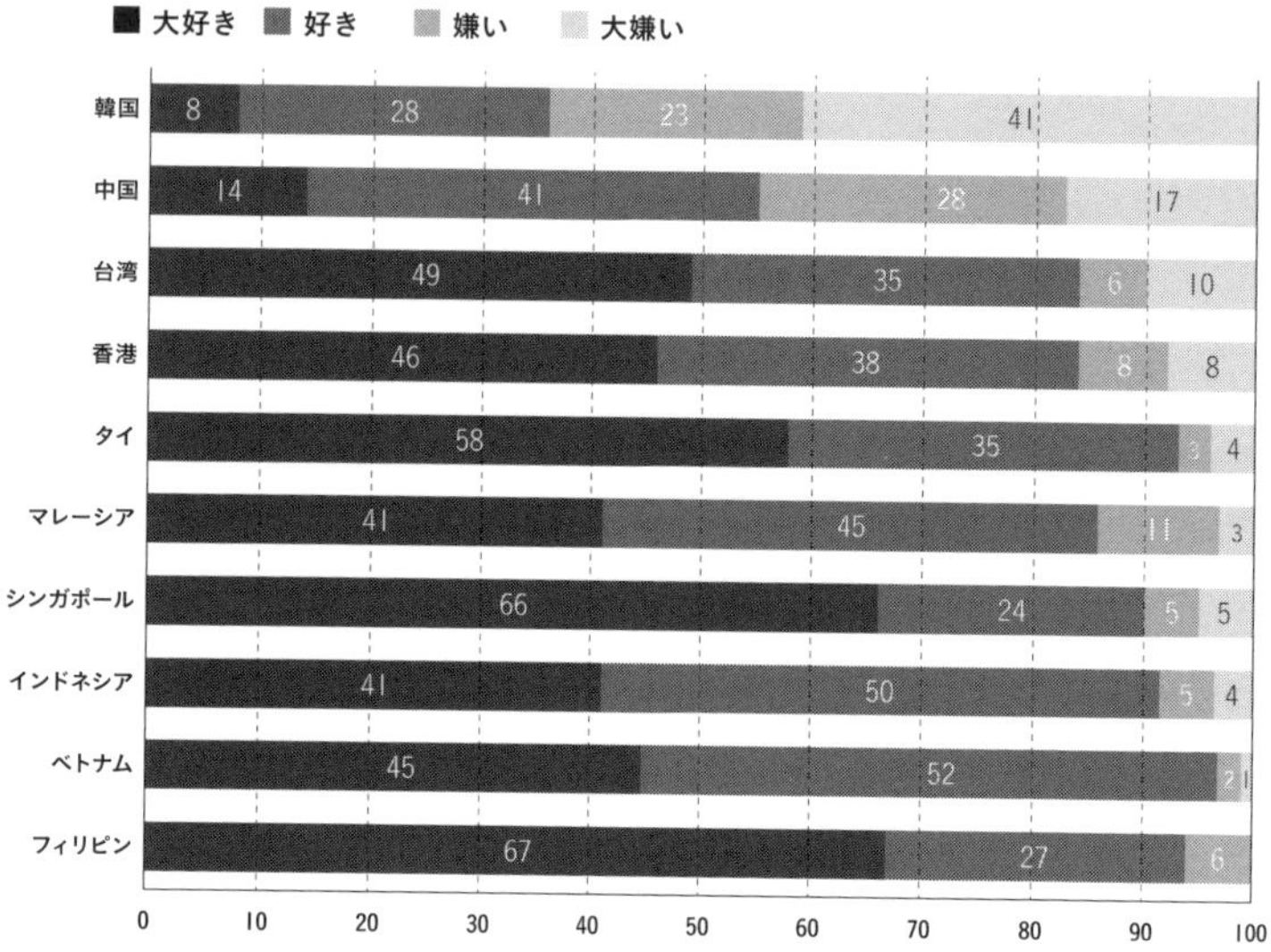

グラフ① AUN CONSULTING, Inc.「アジア10ヶ国の親日度調査【2012年11月発表】」より引用

台湾を除き、あなたの最も好きな国（地域）はどこですか？

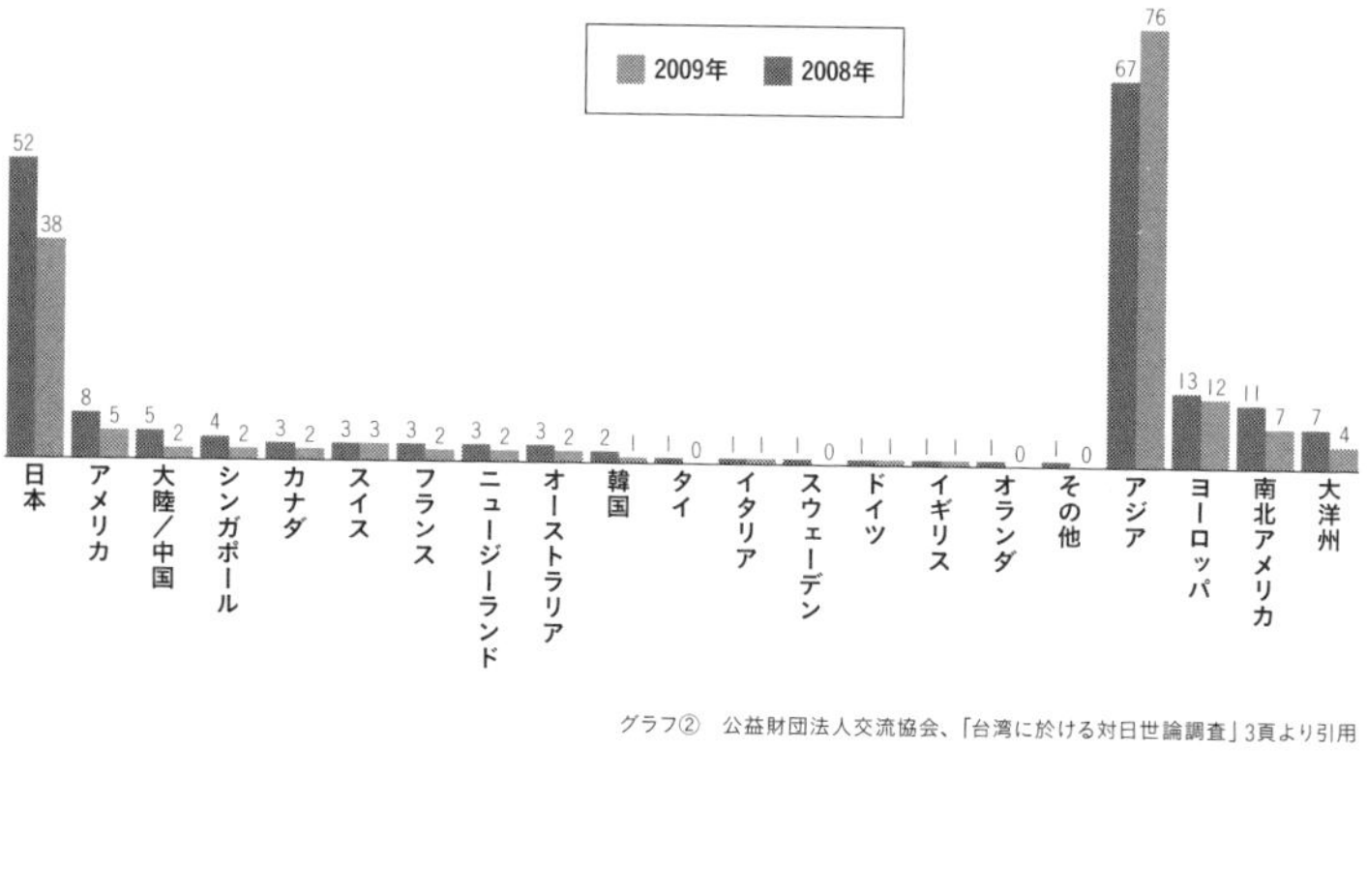

グラフ② 公益財団法人交流協会、「台湾に於ける対日世論調査」3頁より引用

もっとも好きな国（地域）はどこか？　という質問に対して回答者の52パーセントが日本であると答えた（グラフ参照）。

震災下で具現化された日台関係

異なる言語、習慣、人種、歴史、風土をもつ地域間に生まれた関係は貿易額や人の往来の数で確認することもできるだろう。実際に2章の前半では具体的なデータを見て日台関係を確認してきた。

この確認の中で、私たちは日本と台湾には何か特別な「モノ」があり、その気配を感じとってきたはずだ。その特別な「モノ」は緊急時に私たちの目の前に現れると筆者は考える。本章で取りあげる日台関係とは地域間の関係であり、地域に於ける緊急時の代表例が大災害である。大災害に関するリスクはその頻度の差はあれ、国、地域に関わらずこの地球上のどこにでも存在する。日本も台湾もその例外ではない。両地域は過去25年の内に何度か大震災を経験している。

その度に日台関係の特別な「モノ」、もっと具体的な言葉を使えば「絆」のようなものが具現《ぐげん》化《か》されてきた。その一例を紹介しよう。

１９９９年９月21日、台湾中部で大震災が発生した。台湾中部大震災である。この台湾中部の南投県集集鎮《ナントウケンジージージーチン》付近を震源として発生したこの大震災で死傷者は２５００人近くにのぼり、負傷者は１万１千人を超えた。

多くの建物はいわゆるパンケーキクラッシュ（建物の下層階部分がつぶれ上層階が落ちてくる現象）を起こし、街は壊滅状態となった。このパンケーキクラッシュによって負傷者の捜索救助が難航した。これに加えて台湾では地震に対するノウハウが乏しかったことがさらに緊急対応を困難にした。

この台湾の危機的状況を目の当たりにした日本政府は、国際消防隊を震災発生当日に即座に派遣した。その規模は１５０人近く、国際支援隊の中では最大規模であった。

また、東京都内では多くのチャリティーイベントが開催され台湾への経済的、精神的支援が行われていた。台湾はこの日本の真摯な取り組みに深く感謝した。台湾の郵便事業を手がける中華郵政が販売する震災１周年記念切手には、この時現地台中で救援活動にあたっていた日本の消防士が描かれている。

では、反対に日本に対する台湾からの支援はどのようなものがあったのだろうか。日本は台湾以上に災害が多い地域である。2011年3月に発生した東日本大震災などは未だその傷跡が癒えていない。

しかし、2万人近い死者負傷者を出した東日本大震災に於いて、日本は国際社会から多大な支援を受けた。それは物質的支援に留まらず、精神的にも地域を越えて励ましをもらった。

私は被災者ではないが、同じ日本人として言葉で表せないほどに感謝しているし、いくらお礼をしても足りないくらいに思っている。

その中でも台湾からの支援は何か特別なものを感じさせる。もちろん世界中からの支援に優劣などあるわけないのだが、そう感じる理由の一つに突出した経済的支援がある。

台湾からの経済支援は約200億円近くにのぼる。額もさることながら、台湾の経済規模を考えるとこの金額は途方もなく大きな額である。

そして、台湾からの支援は経済的なものだけでなく、多くの支援物資が日本に届いた。例えば、世界的に有名な自転車メーカーである「ジャイアント（GIANT）」から千台の自転車が寄付された。

これは、震災発生後に同社が被災者の移動手段を確保する目的で寄付したものだ。実際に、私が事務局長を務めるNPO法人「人間の安全保障」フォーラムが支援活動を行っている仮設住宅でも住民に寄付され、買い物や給水などに利用されていた。

日本と台湾は同じ「震災」という避けることはできない悲劇を経験した。しかし、この悲劇の中で日本と台湾の絆は目に見える形となって私たちの前に現れたのである。日本と台湾の間に存在する絆は地域を越え、国境を超えて確かにそこに存在するのだ。

日本の中の小台湾

国の中にもう一つの国が存在する。文章にするととても奇妙なもので、理解するのに手間取る表現だ。しかし、現実を目の前にすれば、それは容易に理解できる。

例えば、華僑《かきょう》と呼ばれる人々をご存知だろうか。これは中華系の移民の総称であり、彼らは商売を通じて中華圏から他国に移りすみ、そこでコミュニティーを形成する。横浜や神戸にある中華街（チャイナタウン）がいい例だろう。そこはまさしく日本にありながら中華圏の文化を持ち、歩いてみると異国情緒が溢れ、訪問者にそこが日本であることを忘れさせる。

では、日本の中の台湾について紹介していこう。筆者は日本の中に存在する小台湾を日台若者交流会が主催して行われた事前勉強会に参加したときに知った。

その勉強会はまず日本航空元台湾支店長として台湾駐在経験を持ち、若者交流会顧問に就任した、台湾支店で長年勤務されていた山下晋一氏による日台関係についてのお話から始まった。その後、新大久保と新宿御苑にある小台湾を感じるスポットを訪問した。まずは特に印象深かった新大久保の台湾式神社について紹介しよう。

山下氏の話を聞きおえると、私たち一行はある台湾式のお寺を訪問するために新大久保へと移動した。新大久保といえば、日本有数の韓国街（コリアンタウン）である。そこは今流行りのK-POPが流れ、多くの韓国料理店がひしめきあっている。

もちろん飛びかう言葉も看板の言葉も韓国語、ハングルだ。このような場所に、台湾に関係する施設、それもお寺があるとは信じられなかった。何よりお寺といえそうな建物がいっこうに見当たる気配もない中で駅から5分ほど歩いた路地裏に到着した。

しかし、目の前には古びた2階建てアパートがたたずむだけだ。ドアをくぐってみるとそこには台湾様式の仏壇が室内いっぱいに飾ってある。とにかく朱《あか》い。照明が、部屋の敷物が朱いからか、雰囲気が朱い。中華街や中華圏に行くと感じるあの朱さである。

そして六畳一間のアパートに20人近い勉強会の参加者が上がらせていただいた。そこはドアを一枚隔てた外の空間が日本とは思えない雰囲気であった。

約6畳ほどの大きさの室内。

新大久保駅から徒歩5分ほどの路地裏。
このアパートの一室が台湾式の
お寺になっている。

釋達成氏（中央）を囲んでの記念撮影。

室内には台湾式の仏壇。とにかく朱い。

新宿御苑内にある台湾閣。休日には多くの人が訪れる。

我々が部屋の中で待っていると、住職である釋達成《しゃくたっせい》氏が入ってきた。その装いは、チベット仏教徒が着ているような橙色の着物に朱い羽織で、何より印象的だったのがその笑顔だ。

彼は、私たちに台湾式の「お参り」を見せてくれた。まず、長いお香を焚き、それを額にあてながら3回お辞儀をし、そのお香を仏壇にさす（これは私が見た記憶をもとに記したものであり、厳密には正式な手順と異なる可能性もある）。この動作を繰り返す。

少し余談になるが、台湾の宗教には大きく分けて、仏教、キリスト教、道教がある。これは、台湾の歴史で述べたようにその時々の宗主国《そうしゅこく》（支配している国）の影響が強い。

例えば、キリスト教はオランダ支配の時代にもたらされ、道教は漢民族によってもたらされた。そして台湾仏教は清朝時代によってもたらされたとの説がある。

この仏教はチベット仏教の影響を受けたもので、その名残が釋氏の装束にも見てとれる。台湾の成り立ちと台湾の宗教の関係性を日台若者交流会で調べるのも面白いだろうと思っている。

　新大久保のお寺を後にして、我々は次なる小台湾、新宿御苑にある台湾閣《たいわんかく》へと向かった。この途中に、大久保駅の近くの台湾スイーツショップに立ち寄った。ここで飲んだタピオカミルクティーの味は、実際に私が台北市内にある士林《シーリン》の夜市《よいち》で飲んだものと同じであった。

　新宿御苑内にある、通称、台湾閣と呼ばれている「旧御涼亭《ごりょうてい》」は、昭和天皇がまだ皇太子でいらした時のご成婚記念に在邦台湾人から献上された建築物であり、台湾総督府を設計した森山松之助《もりやままつのすけ》によってつくられた。建物自体が日本の建築様式とはだいぶ異なっているのは写真をご覧頂ければ分かるだろう。特徴的なのは屋根瓦のつくりである。日本の屋根瓦とは違い、その色は朱色で、やはりどこか中華圏の雰囲気を感じさせる。

　台湾に限らず、その地域とそこに住む人々を理解するには、物質的な側面だけでなく精神的な側面も知ることがその近道である。特に宗教についてその様式、歴史、役割を知ることでその地域の社会のかたちが少しずつ見えてくる。

室内も台湾様式となっている。

一連の事前勉強会を経て、今回のツアーで、人から、宗教から、建物から、台湾について多くのことを学んだ。山下氏のお話は日本人から見た台湾社会を、新大久保のお寺では台湾の人々の考え方の一部分を学び、台湾閣からは日本と台湾の絆を実感した。

小台湾は異文化の中に身を置くことで、そのアイデンティティーを強く意識してきた。そのため、台湾本土以上に台湾が凝縮されているのかもしれない。是非、多くの方に日本の中にある小台湾を見つけて、台湾の雰囲気を感じてきて欲しい。

このように歴史的な経緯と統計資料から、さまざまなバックグラウンドをもった人々が日台間を往来し、それが日台関係を形作っていることが分かる。

また、台湾中部大震災、東日本大震災下での両国の取り組みを通じて具現化された日台関係の親密さ、絆の強さが見えてきた。

ではこの絆、すなわち日台関係の土台となっているものは何か。それは両国が抱く相手国へのイメージである。果たして何がこのイメージを構築しているのだろうか。

そこにこそ日台関係の本質があるのではないか。実際に日台関係に内包される人々のインタビューよりその正体に迫っていこうと思う。

日台意識調査
アンケートから見る日本人と台湾人

留学先や赴任先として欧米の国で暮らしている日本人は、異国に於いて、アジア系同士で仲良くなることが多く、特に台湾の人たちと親しくなる割合が高いように思う。

事実、筆者自身や周りの友人たちの多くはそうであった。広い世界の中で見れば、顔つきから服装、醸しだす雰囲気までどことなく似通った我々は、互いを兄弟のように感じてしまうかもしれない。

もちろん細かい、動作、趣味、嗜好《しこう》などに注意深く目を向けると、多くの違いに気付くこともできる。台湾の人の方がたぶん幾分《いくぶん》人懐っこいし、日本人はやはり礼儀正しい。

彼らは発酵した豆腐（臭豆腐）が好きで、我々は発酵した豆（納豆）が好き。そんな所も両者は相容れない。それでも、我々は台湾の人にシンパシーを感じずにはいられないし、国際社会

日本のキャラクターを髣髴とさせる看板たち。

の中で彼らのアイデンティティーが何十年もの間、宙ぶらりんの状況にあることに複雑な感情を抱く。

さて、本項では、日台の両国と縁がある日本人、台湾人に聞いた話を元に、あくまでも個人のフィルターを通したものに過ぎないが、両国の魅力、相違点、そして共通点をあぶり出していきたいと思う。

台湾が日本であった時代から早70年。日本人として生まれ育った人はすでに高齢となり、その子や孫が社会の中心となって久しい。果たして今、彼らの中にどの程度日本人とのゆかりが残っているものなのだろうか。また、彼らは今、かつての統治国家であり、アジアの隣国である日本をどのような国としてみているのだろうか。

それと同時に、台湾に縁の深い日本人から聞きだした、人々の印象、文化や魅力、日本との共通点などを整理し、台湾のイメージを膨らませて頂きたいと思う。

自らの足で両国を行き来してきた人たちの中にこそ、日台交流そのものがあり、彼らがその目で捉えてきた、日台友好の本質を読み

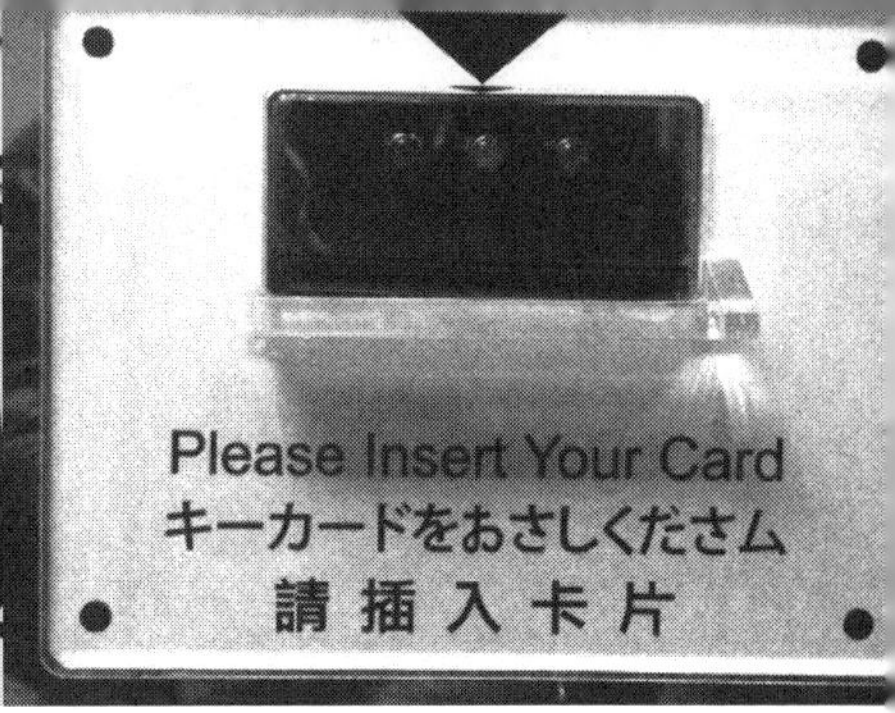

台湾では日本語の表記も多く見られる。

といていこうと思う。

どのような人にインタビューをしたのか？

台湾人と日本人の各5名、計10名。例えば次のような人である。

日本人男性・Mさん（20代）

2002年8月、初めての海外渡航で台湾へ。5日間かけて台北南部の枋寮《ぼうりょう》から墾丁《こんてい》まで60キロメートルほど歩く。2005年スタンフォード大学の留学プログラムで台湾人と友達になり、同年10月にふたたび台湾を訪れ、九份《きゅうふん》や淡水《たんすい》などに連れて行ってもらう。2006年機械メーカーに入社し、台湾好きをアピールし続け、1年目の夏から台湾の顧客担当になる。台湾の主要産業は半導体や液晶、電子機器などのIT産業であるが、自身はその中の液晶ディスプレーメーカーと共に仕事をする。約3年間、月に2回のペースで台湾を訪問。この頃から中国語の勉強を始める。台湾の流行歌もたくさん覚えて、中国語で会話できるようになってきた。現在も、当時の友人と頻繁に交流を続けている。

台湾人女性・Jさん（20代）

小学校6年の夏、台湾代表として福岡で開催された「アジア太平洋こども会議・イン福岡」（APCC）に参加したことが日本に来たきっかけだった。小学生だったので「こんにちは」の挨拶程度しか日本語はできず、少しだけの英語と絵と漢字で、1週間の異文化交流とホームステイをした。この時のホストファミリーと連絡を取り続けて少しずつ日本語を勉強していた。大学生の時、慶應義塾大学に1年間交換留学生として派遣され、神奈川で暮らしていた。学校での勉強は日本語がメインで、留学生寮に住んでいたため、外国人同士でよく全国各地に出かけて、日本を満喫した。現在は金融系の日系企業の台湾支社で働いている。

日本人女性・Nさん（20代）

今から6年くらい前、学生時代に出版社でアルバイトをしている時に、中国語の音楽を紹介するコーナーを担当していたことがきっかけで、華流《C-POP》の音楽を聴き始め、華流のアイドルにハマる。すぐに台湾を訪れ、すっかり魅了された。今でも音楽イベントなどと合わせて、年に2回は訪れている。

大学で中国語を学んでいたこともあり、中国語で書かれている現地ブログを読んだりして、日本にいても常に華流アイドルの情報を集めている。また、台湾好きの友人や台湾人の友人を集めて、カラオケに行ったり料理教室を開いたりと交流会を頻繁に開催している。

台湾人女性・Rさん（40代）

初めて日本を訪れたのは1985年、当時21歳。兄が上智大学へ留学中だった。兄は大久保の安アパートに住んでいて、一緒に中央線によく乗った。違う駅に降りると違う風景が広がっていることは当たり前だけれど、当時はとても印象に残った。また、テレビや写真で馴染みのある風景を目の当たりにして、とてもワクワクしたのをよく覚えている。

父親は日本統治時代、高校在学中で日本語で教育を受けていたため、家庭では日本の映画やドラマを見る機会が多かった。雑誌の「non-no」は値段が高く、日本語も読めないので買ったことはなかったが、書店や街角のポスターでよく見かけた。

結婚後は、長年日本に住んでいる。子どもは日本人と同じ学校に通わせている。

日本人男性・Yさん（40代）

1993年から2年間、半導体のエンジニアとして1ヶ月、2ヶ月単位の滞在で頻繁に、日本と台湾を行き来していた。ちょうど李登輝政権となり、日台の関係が再構築され始めた頃である。当時は日本の半導体メーカーの多くが台湾に技術移転を行っていた時代。自身も日本企業のエンジニアとして、新竹サイエンスパーク（台湾のシリコンバレーのような場所）でベンチャー企業の工場立ち上げの手伝いをしていて、朝から晩まで台湾の人と一緒に働いた。2000年ごろにも台湾からの製品受け入れの担当を行っていた。その頃の人たちとは今でも付き合いが続いている。当時から仕事以外の付き合いも多かった。

質問

台湾人ってどんなイメージ？

台湾通の日本人に、台湾人と言えばどのようなイメージかを語ってもらった。全体的に、彼らがすっかり台湾人の虜になっていることが伺える返答となっている。

回答

人懐っこい

●日本人よりも情に厚く、気さくで友達になりやすい。また、正義感が強い一方、競争心やハングリー精神は弱いように思う。〈30代男性〉

●優しくて温かくて、人懐っこい。屋台のおばちゃんたちも、つたない中国語を理解しようとして受け入れてくれるし、とにかく笑顔で接してくれる。〈20代女性〉

●人がみなフレンドリー。同じく取引のある上海の人たちと比べても、友好的で親日的だと感じる。今でも長くお付き合いができているのは、圧倒的に台湾の人が多い。その差はどうして生まれるのか考えてみると、やはり人懐っこさにあるような気がする。食事に誘ってもみんなで集まってくれる。昔の日本のように、家族的な付き合いができる。今も顔を思いうかべるだけで顔が緩んでしまうほど、彼らに魅了されている。〈**50代男性**〉

パワフル

●好きな日本の歌手［平井堅、浜崎あゆみ］やドラマ、マンガ［『ワンピース』、『デスノート』］、小説［村上春樹］などの話をたくさんしてくる。日本に来ると絶対にラーメン屋［一風堂、一蘭など］に行きたいと言う友人も多く、北海道、東京、大阪、福岡、熊本、沖縄など人気の観光地は日本全土に渡る。ビジネスに於いても日本の液晶技術を移殖するなど、協力関係は強固。〈**20代男性**〉

●一番に思いだすのが、彼らのパワフルさ。1993年、これから国をあげて半導体をつくっていくという機運が、一緒に働いていた若者たちからひしひしと感じられた。アメリカなど欧米の大学から帰ってきた若者が、一生懸命お金をかき集めてベンチャー企業をつくるという動きが多く見られた。とにかく真面目でよく働くという印象。〈**50代男性**〉

筆者自身も、台湾人と聞いてまず思いうかべるのが、彼らの「人懐っこさ」である。男女分けへだてなく仲良くなることが得意な人たちだ。また、日本人に比べると、スキンシップが盛んで、女の子同士で腕を組んで歩く様子なども街中で多く見られる。

質問 —— 日本人ってどんなイメージ？

日本に長く暮らしている、または日系企業で働いてるなど、日本人と接することの多い台湾人に、その特徴を聞いてみた。

回答 親切、丁寧、礼儀正しい

- 都会と田舎や地域によって差はあるだろうが、出会った日本の人たちは知らない人に対して、疑ってかかることはしないように思う。これは台湾との共通点でもあるように感じる。大陸の中国が個人主義であるのに対し、島国の特徴なのだろうか。〈**40代女性**〉
- 丁寧で繊細な方が多い。日本人にしかできない気遣いは特に印象的。

フレンドリー

〈20代女性〉

●礼儀正しく、真面目。〈30代男性〉

●礼儀正しいが、本音をあまり他人に言わない。〈20代女性〉

●「台湾人です」と伝えたら、とてもフレンドリーに接してくれる。留学中知りあった日本人はたいてい留学経験があるか、異文化交流が好きで、Easy going, Out going（楽天的、社交的）という人が多かった。台湾で知りあった日本人も基本的には社交的で旅行好きな人、異文化交流に興味ある人が多い。〈20代女性〉

●やさしくて、純粋な人が多いように感じる。〈20代男性〉

何と言っても「親切、丁寧」。我々日本人の常日頃心がけるコミュニケーションというものが、いかに特別で、そして「礼儀正しい」という印象を持たれるのかが分かった。その一方で、「本音と建前」を使いわけるなど、日本独特の遠慮がちな表現に戸惑いの声も聞こえてきた。

質問

日本の魅力とは？

台湾の人々が日本を訪れて、生活してみて感じた魅力を聞いてみよう。歴史や風土の違い、はたまた憧れの気持ちから、さまざまな魅力が語られる興味深い結果となった。

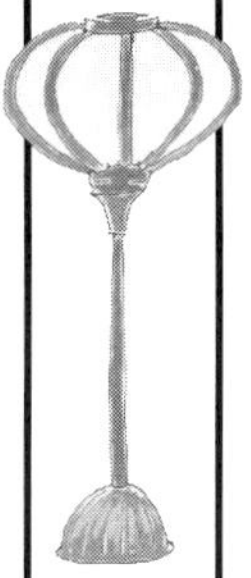

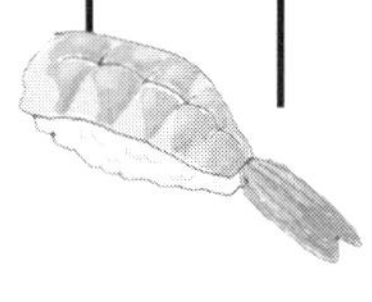

回答

四季がある

●初めて旅行で日本を訪れたのが10月末で、紅葉が本当に綺麗だった。結婚後、長年日本で暮らしているが、今でも四季を感じられるのは日本の大きな魅力だと思う。台湾では、標高の高い所へ行けば違うのかもしれないが、基本的に夏か冬しかない。そして節分やひな祭り、端午の節句など、季節ごとの行事をとても大切にしていると思う。これは、子供を日本の学校に通わせていて感じた。また、地方によって文化が少しずつ違ってくることにも魅力を感じる。**〈40代女性〉**

●四季がはっきり分かれており、生活にメリハリが生まれているように感じる。春は花見、夏の花火、秋に紅葉、冬は鍋だろうか。四季から食生活、風習に変化が生まれているのが面白い。〈**20代女性**〉

カワイイ

●1985年、新宿東口にあったマイシティ（現ルミネエスト）のことをよく覚えている。売られていた洋服がとにかく可愛くて、立ちよったカフェも凝っていて可愛いかった。この時カフェで初めて飲むヨーグルトにであった。その後に訪れた洋食屋さんでのハンバーグも（自分にとっては牛肉すら初めてだったが）これまた、盛りつけがとても綺麗で、旅の間中、何もかもが新鮮に感じられた。〈**40代女性**〉

●デザインが魅力的で、日本でのショッピングがいつも楽しみ。商品そのものだけではなくて、パッケージや文字のフォント、広告などもとても魅力的。日本らしい色の使い方にも興味がある。〈**20代女性**〉

●ファッションに関して、常にアジアを代表するような活動をしている。〈**20代女性**〉

食べ物が美味しい

●お箸を使って食べる点など、全体的に台湾の料理と似ていると思う。調味料や香辛料は台湾よりもシンプル。〈**20代女性**〉

●料理が美味しく、夜遅く（もしくは24時間）お店が開いていていて便利。〈**20代男性**〉

伝統を重んじる

● 伝統を重んじる歴史的建造物の保存に努めている点や、伝統文化、お祭りをきちんと伝承している点。〈30代男性〉

● 伝統を守りつつ新しいものもどんどん出てくるのが一番の魅力だと思う。日本人特有の繊細さもすごく好き。〈20代女性〉

その他

● 台湾に比べ、交通の便が発達している。〈20代女性〉

実際、日本と台湾は地図で見ると非常に近い。沖縄と台湾の距離であれば、沖縄と本土の方が遠いくらいだ。よくよく考えてみると、沖縄といえば随分南国で、冬でも温かいし、ソメイヨシノは咲かない。それよりさらに南にある台湾は言わずもがなだ。

そんな日本の春夏秋冬を台湾人は面白いと思ってくれているようで、それぞれに付随して発展した、祭りや行事、そしてそれらを守り受け継いできた我々の文化を改めてすばらしいと思った。

質問

どんなところが日本と台湾は違うのか？

実際に衣食住をともにして、はじめて気付く違いは多くあるようだ。

回答

遠慮・人付き合い

●日本人は他人にも子供に対しても、個人を尊重しすぎると感じることがある。台湾では家族のつながりが強い分、親の考えをもっとはっきり子供に伝える傾向にある。他人に対しても非常に世話好きで、お互いにオープンだから、どんどん相手の領域に踏みこんでいく傾向にある。日本では家族的なつながりより、もう少し距離をおいた地域コミュニティー的なつながりの方が強いように感じる。〈**40代女性**〉

●日本人はあまり素直ではなく、自分の気持ちを抑えているように感じる。一方、台湾人は物事をもっと直接的に言う。日本人の性格を平たく表現するとシャイ。台湾人はあまりシャイという感じではない。また、日本人はストレスを溜めやすいようにも思う。台湾人は

あまり溜めこまない。〈30代男性〉

●台湾には日本人のもつウチソト意識が少ない。日本では特定のグループが形成されるとそこに後から参加するのは、そのグループとの共通項がない限り難しい。台湾では、グループやコミュニティーへの新規参入はそれほど難しくない。寛容である。異質なものを受け入れる風土が台湾にはある。セクシャルマイノリティーや異文化の人間に対する排他の意識がない。台湾自体がもともとさまざまなバックグラウンドを持つ人々の集合国家なため、そのような気質があるのかもしれない。〈30代男性〉

●2009年の旧正月前に尾牙《ウェイヤー》と呼ばれる会社の日本でいう忘年会に参加した。台中の山奥にある谷関温泉という場所に全社員とその家族が集まって労をねぎらう。日本では最近珍しい家族ぐるみの付き合いだ。〈20代男性〉

礼儀

●日本語には敬語があり、先輩後輩の関係を重んじる文化がある。〈20代女性〉

●以前、日本からお土産を持って来てくれた友人の前で開封して食べたら、その友人がショックを受けていた。台湾人の自分からするとそれは礼節を重んじた行為である。私たちはそれを美味しく頂いて

完食することによって感謝の気持ちを表す。プレゼントの包装など見た目には大してこだわらない。〈20代女性〉

食文化

●同じ米食文化の中でも、日本では寿司や刺身を食べる習慣があるが、台湾人は生魚や冷たいお米を食べない。〈20代女性〉

●両国ともにお茶の文化はあるが、日本にはタピオカミルクティーがない。〈20代女性〉

●台湾は薄い味を好む。台湾でも豚骨ラーメンは大人気だがさっぱり系が主流。また緑茶に砂糖が入っているなど甘い味が好き。〈20代男性〉

●砂糖入りのお茶がメジャー。最近は日本式の無糖茶も増えてきてい

る。〈**20代女性**〉

その他

●地域コミュニティーは日本の方がしっかりしている。小学校のPTAをやった時に、学校と町内会との見守りや支えあう関係を目の当たりにしてとても驚いた。形式的な部分や、細かくて面倒な部分もあるが、学校でなにかあったら必ず町内会に連絡するといったつながりを大切にしていることが印象的。〈**40代女性**〉

●台湾人は中学生の時から皆英語名を持っており（友人例 Vincent, Hakka, Brian, Sterling, Robert, Ryan, Rick, Kent など）、台湾人同士でも英語名で呼びあう場合が頻繁にある。また、海外留学が非常に一般的である。日本の場合、海外の大学院に留学するのは男性が多いが、台湾の場合、男女が同じ割合か、もしくは女性の方が多いようにも感じる。〈**20代男性**〉

●仕事とプライベートの時間配分の割合がかなり異なる。結果が良ければ良いという台湾のやり方に対して、日本では結果だけでなく、過程の一つひとつを見られる。〈**20代男性**〉

●日本人の多くは詳しく計画を立ててから台湾にきて、友人の時間や場所に合わせて遊ぶ。台湾人は現地に到着してから、その場の空気によって行き先やプランを考えるのが一般的のように思う。〈**20代女性**〉

一番多かった指摘は日本人の「遠慮がちな態度」についてである。今までにも似たような記述が多かったが、やはり、他人との距離の取り方が台湾人のそれとは大きく異なるようだ。また「礼儀作法」に「先輩後輩」との関係があるという点も、日本社会の大きな特徴だ。全体的に人を対象とした返答が多かったのも印象に残った。

質問　台湾の魅力とは？

一度足を運ぶとすっかり魅了されてしまう台湾の魅力とは一体なんなのだろう。実際に訪れてみないとわからない秘密に迫る。

回答　旅行先として最適

●人が親切、気候がいい、食べ物が美味しい、ショッピングもマッサージも楽しめる。台南や台中も訪れたが、大正時代の日本のようでノ

観光名所として名高い、九份《きゅうふん》。ノスタルジックな世界に浸ることができる。

スタルジーを感じさせる素敵なところだった。〈**20代女性**〉

●深夜でも夜市や道端の屋台などが開いていて、夜食の調達が便利。

カルチャー

夜市があるので、日本にはない遊び方を楽しめる。サーフィン、ビリヤード、ダーツ、ボーリング、そのほかスポーツにかかる費用が安い。〈**30代男性**〉

- 穏やかな気候、食べ物が美味しい、治安がいい、地下鉄が整備されている、タクシーが安い、交通の便が良いなど、女子の一人旅でも気を張らずにいられる。〈**20代女性**〉
- 温泉（陽明山近く）、基隆でのイカ釣り、淡水、九份、竹北、士林などどこも見どころが満載。〈**20代男性**〉
- プロモーションビデオ（PV）が良い。台湾のPVには本人が出演することが多く、演出も凝っている。本人のキスシーンもしばしば。台湾の芸能人はファンサービスがとても良い。街頭でのイベントも多く、いたるところで、アイドル本人と触れ合うことができる。日本に来る時も、ファンをとても大事にしている。〈**20代女性**〉
- 日本との縁を描いていて面白かった映画は「海角七号」。歌手では、王力宏、光良がとくに好き。ＰＶも物語仕立てで本人が演じていて面白い。カラオケも20曲くらいは中国語で歌えるようになった。〈**20代男性**〉

質問

日本と台湾どんなところが似てると思う？

日本と台湾を行き来している人たちだからこそ知る、両国の似ていると思うところをあげてもらった。日本人が台湾人に、台湾人が日本人に親しみを覚える理由をさぐりたい。

回答

温和な人柄

●他人のことを大切にする文化があるように感じる。田舎に行けば残っているのかもしれないが、古き良き日本の人付き合いに似たものが残っている気がする。〈20代女性・日本〉

●アジアの中でみても、考え方などが近い気がする。他人への気の遣い方、思いやりの精神などはとくに近いものを感じる。〈20代女性・日本〉

●謙虚な姿勢が似ている。日本統治時代の世代をはじめ、日本人が考える美徳を知っている人が多いためか。〈30代男性・日本〉

●比較的温和なところ。大陸側ではつねに民族間の闘争があり、領土の危機と隣りあわせで生活していた。一方、島国である台湾は民族間の領土闘争が少なかったため、温和になったのではないかと推測する。〈**20代男性・日本**〉

食文化

●料理の味付けは、自分も親戚も野菜炒めには「ほんだし」を使う。米を主食とすること、醤油を使うことなど、食文化は似ていると感じる。親からは日本統治時代に、味噌や梅干し、梅酒、たくわんの作り方を、近所の日本人教師から教えてもらうこともあったと聞いている。Hot Pot（火鍋）なども、日本の鍋文化が伝わり、今では逆輸入されつつある。〈**40代女性・台湾**〉

●お米が主食であること。〈**20代女性、30代男性・台湾**〉

島国であること

●台湾の食べ物はどれも日本人が美味しいと感じるもののように思う。台湾が世界の中でも美食の国とされているからかもしれないが。〈20代女性・日本〉

●地震や台風など、同じような自然災害に遭う。阪神・淡路大震災が起きた時は、すぐに安否を気遣う連絡をくれたり、今でも台風などが来ると心配するメールをくれたりする。〈50代男性・日本〉

●同じ島国であり、地震が多い〈30代男性・台湾〉

ことば

●台湾語には日本語と似ている発音の単語がたくさんある。〈20代男性・台湾〉

●中国で使われている簡体字《かんたいじ》に比べ、日本語の漢字と台湾の中国語（繁《はん》体字《たいじ》）の書き方がよく似ている。〈30代男性・台湾〉

その他

●最近両国の離婚率が共通して高くなってきた。〈30代男性・台湾〉

●音楽の曲調やノリなどが似てる。日本から多くを取り入れているところもある。〈20代男性・日本〉

●（日本の）ジャニーズが両国で人気がある。〈20代女性・日台ハーフ〉

●マンガやアニメがどちらの国でも人気。日本語を学ぶ台湾人のほと

んどが、日本のマンガやアニメがきっかけだと言う。〈**20代女性・日本**〉

他人への気遣いや、思いやりの精神が根付いていることが大きな共通点だろう。加えて、同じ島国であり、火山帯の上に存在するので、地震や台風といった自然災害の被害を受けやすい。東日本大震災のあと、世界の中で台湾からの義捐金が一番多かったことも、このような共通点が理由なのではないかと思う。

質問

日台友好のこれからについて どのように考えているか？

日本と台湾はこれからどのようにともに歩むことができるのだろうか。両国の間にできた距離をどのように縮めればよいのだろうか。個人の率直な想いを、ほぼ原文のまま載せた。

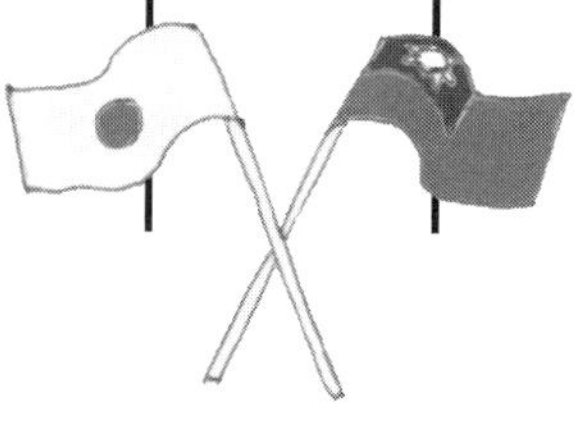

回答

●中国との関係や尖閣諸島の問題など、懸念すべき問題もあるけれど、友好の素地はあると思う。エンジニアの世界だけみても、今、半導体技術者がたくさん台湾に移住している。交流の芽はあらゆるところにあって、次第に大きな動きになると思う。50代の自分の世代と若い世代の人たちが、同じような親しみを台湾の人に抱いていることに希望を見出す。人の交流が続いていく限り、いつかわかり合えると思う。少しでも台湾と接点がある人は一番好きな国に台湾をあ

げるはずだし、台湾の人もそうした思いに気が付いていると思う。片想いではなく、両想いだと思う。〈50代男性・日本〉

●人と人の触れ合い、文化の交流や旅行を通してなど、両国の良いところを見習って、周りの人たちに伝えたら良いと思う。自分は台湾と日本の架け橋になって台湾の良さを日本人に伝え、また日本の良さを台湾人に伝えていきたい。ひとりずつが繋がればきっと大きくなると思う。〈30代男性・台湾〉

●日本人が外国人（台湾のみならず）に対してより寛容的な態度で接してくれれば、在日の外国人にとって日本が暮らしやすい国と思うようになるかもしれない。〈20代男性・台湾〉

●個人的には「アジア太平洋こども会議・イン福岡」での日台間交流のボランティアを続け、今後も両国の架け橋として活動していきたいと思っている。台湾では原子力発電について反対している人が大勢いるが、福島の事故の後、その動きが加速した。台湾も日本と同じ環太平洋火山帯の島国なので、もともと原子力発電に向いていないと思う。台湾の原子力発電施設の多くはアメリカか日本製なので、両国から良いところも悪いところも学ばなければならず、ニュースの翻訳などでボランティアをしたいと思っている。日本に比べデモが盛んで、自分もなるべく休日に開催されるものには参加するよう

にしている。まわりに社会問題を意識している人たちが多いので情報がよく入る。〈20代女性・台湾〉

●今までは両国の文化交流に友好的希望を見出していたが、商社で働きはじめて2年が経ち、今はビジネスでも大きなつながりが生みだせると感じている。とくに、日本企業と台湾企業が連携することで、中国やシンガポール、アジアの市場に一緒に攻めこんでいけるのではないかと思っている。互いへの理解や信頼感を持ち、柔軟な経済協定を結んでいる日台がもっと手を取ることで、アジアをリードしていけるはずである。〈20代男性・日本〉

●台湾は世界で一番日本を愛してくれる国だと思っている。日本の食文化、ビジネス、歌など彼らは日本から多くのことを受け入れてきた。私は日本を愛してくれる彼らを大切にしたい。私は台湾が大好きである。第二の故郷とも思っている。たくさんの友達がいて、温かい人柄、おいしい食べ物がある。台湾人が日本を愛してくれるように、もっと日本人が台湾を好きになってほしい。〈20代男性・日本〉

同じ太平洋に浮かぶ島国で、主食のお米を箸で食べ、似たような漢字を使って、他人を気遣いコミュニケーションをはかる。そんな、互いに近くて遠い国が日本であって台湾であるのではないか。

日本からは、ドラマや音楽、アニメなどのエンターテイメントが多く輸出され、台湾の人たちは一般的に日本の理解が高い。そのような親日の素地のある台湾に対して、市場として興味を寄せている日本企業は昔から多く、電化製品や化粧品、菓子などのほかにも、モスバーガーやファミリーマートなど台湾の街の中に溶け込んでいる。

しかし日本人の生活の中で台湾文化が理解され、浸透しているとは言いづらい。しかし、我々は彼らの人となりからこそ、多くを学ぶことができるだろう。幼いころから英語で読み書き話すことを学び、異国に旅立つことを厭わない。ビジネスを仕掛ける時もつねに世界のマーケットを狙っている。また、女性の社会進出も盛んで、会社組織に依存せず個人でキャリアを築いていく傾向にある。男女ともに、自立した姿勢が見受けられる一方で、人懐っこく、友人を大切にし、他者と支えあって暮らす術も知っている。

彼らは若い時から個人を強く認識し、世界の中を自分の足で渡って行く。そして、困った時はお互い様と助けあう文化がある。長い不況と人口減少、東日本大震災と、変化の必要に晒されている我々日本人は、今こそ台湾の人たちから多くを学ぶことができるのではないか。

本章は「日本人が台湾人に、台湾人が日本人に、親しみを覚える理由を知りたい！」という、個人的かつ長年の興味、関心から企画がうまれた。結論から言うと両国民は全面的に似ている訳ではない。それでも、互いに関心を寄せ、思いやりの心を持って相手と接することができている。たとえそこに正式な国交がなかったとしても。

日本は伝統的なもの、新しい文化を台湾に届けてきた。それに対して、彼らは柔軟に受けとめ、思いやりを持って応えてきた。そういった交流の中で、我々は互いの思慮深さや、愛すべき魅力に気付いてきたのではないか。

本章に関しても、実に多くの台湾人、そして台湾が好きで深い親近感を持つ日本人の協力によって、ここまで、原稿をまとめることができた。ここに、感謝の意を表すとともに、日本と台湾両国のますますの友好を願って、筆を置きたいと思う。我愛你們。謝謝！

超越国境

第三章

Beyond the Border - Chapter 3

誕生！
日台若者交流会

2012年4月に行われた李登輝元総統と安西直紀との会見により、誕生が決まった「日台若者交流会」。そして11月。幾度にも及ぶ勉強会と面接を経て、33名の選ばれし旗揚げメンバーが成田空港に集結した！いざ、目指すは李登輝名誉会長と、台湾の若者たちが待つ台北へ！

文：林純

2012年11月2日。遂にこの日が来た！ という思いで成田空港に到着。これまで事前勉強会で鍛え合って来た仲間たちが約30名。選ばれしメンバーの平均年齢は25歳。下は18歳、上は82歳と、気持ちが若者であればウェルカムという安西代表の方針から、東大慶応早稲田といった各大学の学生、アーティスト、デザイナー、研究者、僧侶、社長……と、職業や肩書きもさまざまであり、誰一人として同じ所属の者はいない。

多種彩々、各方面で才覚を発揮する面々が渾然一体《こんぜんいったい》となることが、日台若者交流会の面白さである。同志が必ずしも似通った特色を持つ必要はない。言わば「桃太郎の論理」である。

桃太郎は、イヌ&サル&キジという個性豊かな仲間がいたからこそ、ラスボスたる鬼を倒すことができたのであり、これがイヌを3匹連れていたとしたら、鬼ヶ島に辿り着く前に無残にも敗北の狼煙を上げていたことだろう。

もう一点。日台若者交流会は、日台とアジアの文化交流の発展を目指す集合体だが、必ずしも台湾好き、台湾マニアが集まった会というわけでもない。台湾だから中国語ないしは台湾語を必要とするかというと、それも必ずしも必要ではない。むしろ重要視されていたのは、強い

事前勉強会で鍛え合うメンバーたち。

好奇心と潜在能力だ。同じ所属の者は誰一人としていないが、間違いなく〝同じ種族〟なのだ。

　李登輝名誉会長との謁見《えっけん》を許されることと、新たな台湾の若者たちとの出会いに期待をパンパンに膨らませて、我々は台北行きの「ハローキティジェット」に飛び乗り、勇躍大空へと飛翔を果たしたのであった！

　台北に到着した我々は、台湾と日本のハーフであり、震災後に台湾への在住を決意した田村《たむら》田佳子《たかこ》氏（大会後、日台若者交流会の台湾側代表に就任）と合流。早速、台北市内を案内していただいた。

　メンバーの中には初めて台湾を訪問する者もいる。切符がコインの形をしている地下鉄に乗り、1日に2万人の人々が参拝するといわれる行天宮《ぎょうてんぐう》で、台湾式の参拝方法を学ぶ。意外と複雑なので正しかったかは自信がない。続いて日本統治時代の建物がそのまま使われている総統府を訪れて、日本と台湾の繋がりを感じながら今回最初の集合写真。

　この頃には早くも辺りは暗くなってきており、最後に蒋介石の顕彰施設である中正紀念堂に入りスケールの大きさを感じた所で、後ろ髪を引かれつつ前夜祭会場へ向かったのだが……

日台若者交流会の設立前夜祭は、湖南《こなん》料理の名店として名高い「彭園《ぽんゆん》」の個室を借り切って行われた。前夜祭の段階から台湾人の方々が集まってくれ、早くも台湾のことをいろいろ聞くことができた。

美味しい料理を囲みながら、日台双方の参加者が自己紹介をする。日本人でも台湾人でも、自己紹介の中に理念を感じるスピーチを聞くと、その人への興味が湧いてくる。「出会いは人生の財産」を格言とする安西代表の方針通り、今後の日台若者交流会でも、こうした人と人との交流が中心になるはずだ。

そんな中、田村さんが自己紹介の途中で突然謝罪を始めるではないか。田村さんは夕食会場の手配をして下さったのだが、実は店の入り口に設置されていた予約団体名が表示される電光掲示板の文字が、なんと「日台若者交流会」ではなく「日台弱者交流協會」と表示されていたのだ。

聞けば、「若者」と「弱者」の発音が中国語では同じで、かつ「若者」という言葉が存在しないのだという。電話で予約をした所、店側に間違えられてしまったとのこと。田村さんが謝罪する必要はないが、いずれにしても日台

中正紀念堂にて。

台湾式の参拝方法。

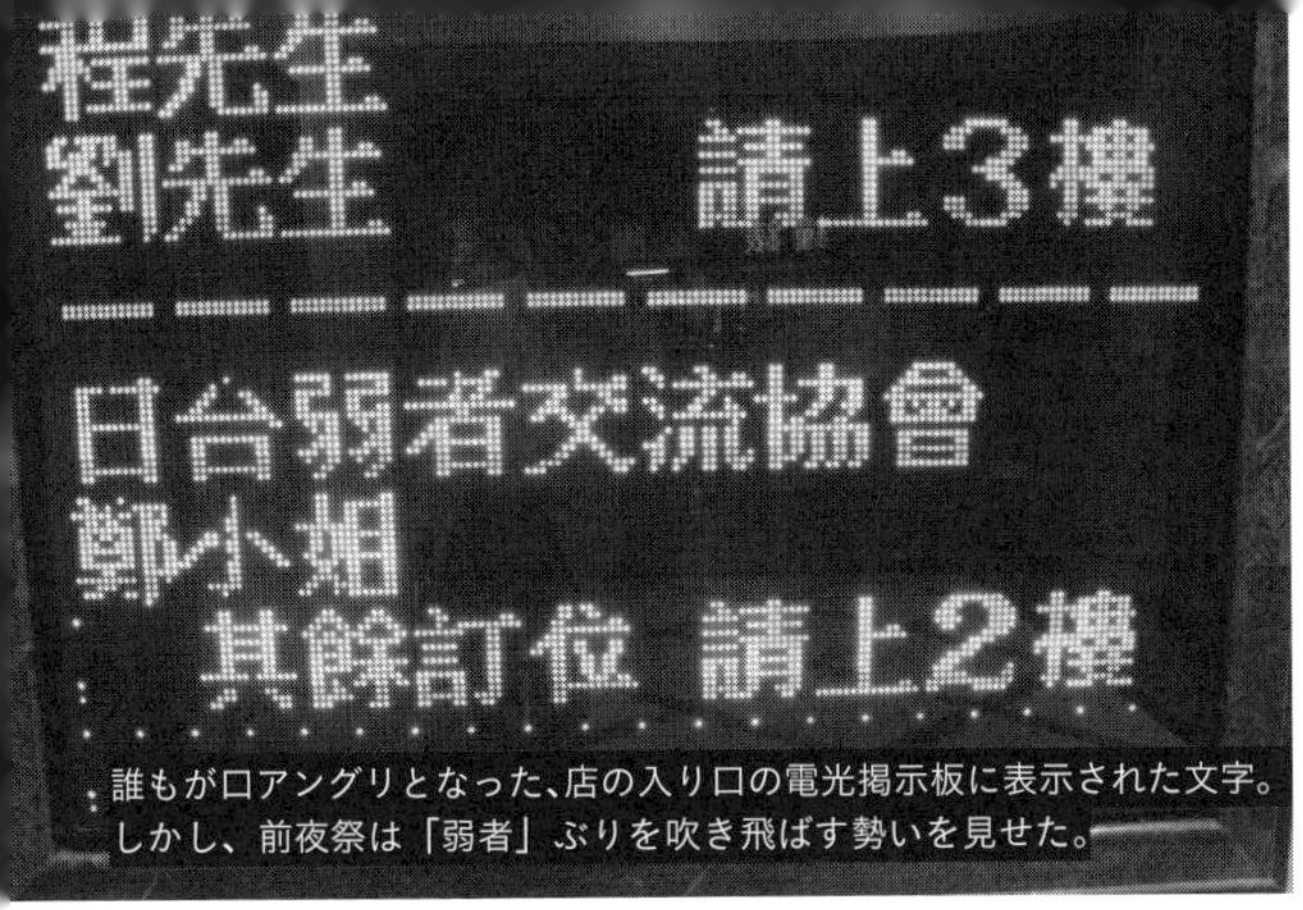
劉先生　請上3樓
日台弱者交流協會
鄭小姐
其餘訂位　請上2樓
誰もが口アングリとなった、店の入り口の電光掲示板に表示された文字。
しかし、前夜祭は「弱者」ぶりを吹き飛ばす勢いを見せた。

若者交流会はその設立前日に「弱者」呼ばわりをされてしまったのである（この件がきっかけになり、台湾においては「台日青年交流會」という名称となることが決まった）。そんな笑いに包まれながらも、メンバーの間の結束は強く、「弱者」ぶりを吹き飛ばす初日が過ぎていった。明日は、いよいよ本番である。

11月3日。文化の日に文化的かつ政治的な大人物とお会いできるというのは実に気持ちが良いものである。歴史上の人物である李登輝名誉会長と、数時間後、直接お目にかかることになる。昨日とは打って変わって、朝の出発時から、メンバーの中に緊張感が漂う。

李登輝名誉会長との謁見前に、台湾八景の一つに数えられる風光明媚《ふうこうめいび》な淡水に到着。昼食と散策を行ったが、この頃にはもうどこか地に足がつかない状態だった。確実に近づいてくる謁見時間はドクドクとした緊張感を呼ぶのだが、同時に体中にワクワク感も宿っている。

李登輝名誉会長が待つ事務所へ向かう。どんな事務所なのか？　国会議事堂のイメージ？　宮殿のイメージ？　いくつものビルが建ち並ぶ通りをバスが駆け抜ける。やがて黒光りする30階建ての巨大高層ビルが姿を現した！　一目でそれと理解した一同から、アゴが外れんばかりの悲鳴にも似た歓声が上がる！

学生から社会人まで全員がスーツ姿に身をととのえ、写真を撮るなんてもってのほか。ある種独特な雰囲気の中、ビルの中に私たちは吸い込まれていった。お互いに静かにするよう唇に指をあて、エレベータで上階へ進む。

会議室のような部屋に通されたが、中央の椅子や後ろのガラスなど、やはり独特の雰囲気がある。横長の机に順を追って座っていく。これからの数時間、瞬きも許されないほどの覚悟で話を聞かねば！　そういったヒリヒリとした空気感が会場全体を包んでいた。

間近で体感できるようにとのご配慮から、メンバー一人ずつが順々に李登輝名誉会長と握手をさせていただくことが決まった。30分ほど前に到着したことから、迅速に動けるようにと握手の予行演習と整列を行っていたのだが、その時、秘書の方から「李登輝さんが来られます」

李登輝名誉会長が待つ、30階建ての巨大高層ビル。

と、声がかかった。「えぇぇ！　もう？」と、一同はスズメバチの巣を突いた直後の如き騒然状態に発展！

とにかく一刻も早く自分の席に戻らねば！　一同はグルグル帰参！　メンバーがギリギリで席に座って間もなく、李登輝名誉会長、その方がヌッと姿を現した。

迫力。オーラ。

過去に芸能人や政治家、プロレスラーと会ったときもある種のオーラを感じたことがあったが、李登輝名誉会長のそれは、過去に感じたものとはまったくの別物。胆力とでも言うのだろうか、どっしりとした落ち着きと得も言われぬ包容力が全身にあふれている。まるでスカウターが破裂するが如き、驚異的なるエネルギー数値！　身長も約180センチあるが、その身長以上に、岩のような大きさがある。……これがアジアの巨人か！

まずは一人ずつ握手をしていただいたが、そのときに感じた手の異常な大きさと温かさ。これはきっと生涯忘れることはないだろう。意識がちょっとフワッとしながら、ただし頭は妙にスッキリしている、そんな不思議な感覚に陥った。

安西代表が李登輝名誉会長の眼前に立って、スッと右腕を直に上げて、日台若者交流会の設立に伴う宣誓《せんせい》が行われる。

宣誓

２０１１年３月11日に発生した、東日本大震災後、
日本は台湾から２００億円を超える義捐金《ぎえんきん》を賜りました。
その格別なる恩義に日本人として報い、
感謝の気持ちを形にするために、
「日台若者交流会」は誕生いたしました。
同会には日本と台湾の未来を担う、
学生並びに若者が集い、文化交流を深めてまいります。

超越国境の理念と実践を元に、
日台相互の関係はもちろんのこと、
アジア地域のさらなる友好親善と発展を皆で目指していくことを、
名誉会長李登輝閣下の御前で誓います。

2012年11月3日
日台若者交流会代表　安西直紀

李登輝名誉会長が大きく笑顔で頷き、宣誓に応えられた。万雷《ばんらい》の拍手が会場内に鳴り響く！

「皆さん、日台若者交流会の設立、おめでとう。安西さん、短い時間で多くの優秀な人材を集めて、良く頑張りました。私も大変嬉しく思いますよ。皆さんの元気溢れる力を持って、日台の若者たちの文化交流の輪を広げ、心と心の絆をしっかりと築いていって欲しいと思います」

非常に優しい笑顔だったのが印象に残っている。

「今日は若い皆さんに『内外両面を分けて考えよ』ということをお話しします。内外両面を分けるということは、まず個人的に充実すること、そして個人以外の国家・世界の状態を頭の中に入れるということです。

例えば科学者のように、ある分野の専門家であっても自分の専門分野だけでなく世界の状態はどうなっているのかという二つの面を考えておく必要があるということです。

自分を知り個人を充実させるために、『心事《しんじ》の棚卸《たなおろ》し』という言葉を皆さんに贈ります。『心事の棚卸し』とは、福澤諭吉が書いた『学問のすすめ』という本の中にある言葉です。

今日は慶應義塾の出身者もいるから知っていますね。棚卸しとは在庫品、資産の状態を調べることで、その検査をして製品から原料からいろいろな物のうち、何があり何が不足しているか検討します。福澤諭吉は心の中にある考え方や経験を検討し『心事の棚卸し』をするべきだ

と言っています。今の日本人にも必要なことだと私は思っています。
現在、世界はアメリカがリードしていくという体制を終えて、国際秩序は崩壊してきています。G7だった世界リーダーの会議には新興国が次々入りG20となりました。
経済が良くなってきている新興国の発言権は、強くなってきています。そうするとさまざまな主張が飛び交い重要な話もまとまらなくなります。このような状態の中で、誰が国際秩序を保っていけば良いでしょうか。私は、日本は国際舞台で益々重要な立場に立たなければならないと思います。

李登輝名誉会長がはじめに書いた言葉が「心事の棚卸し」だった。

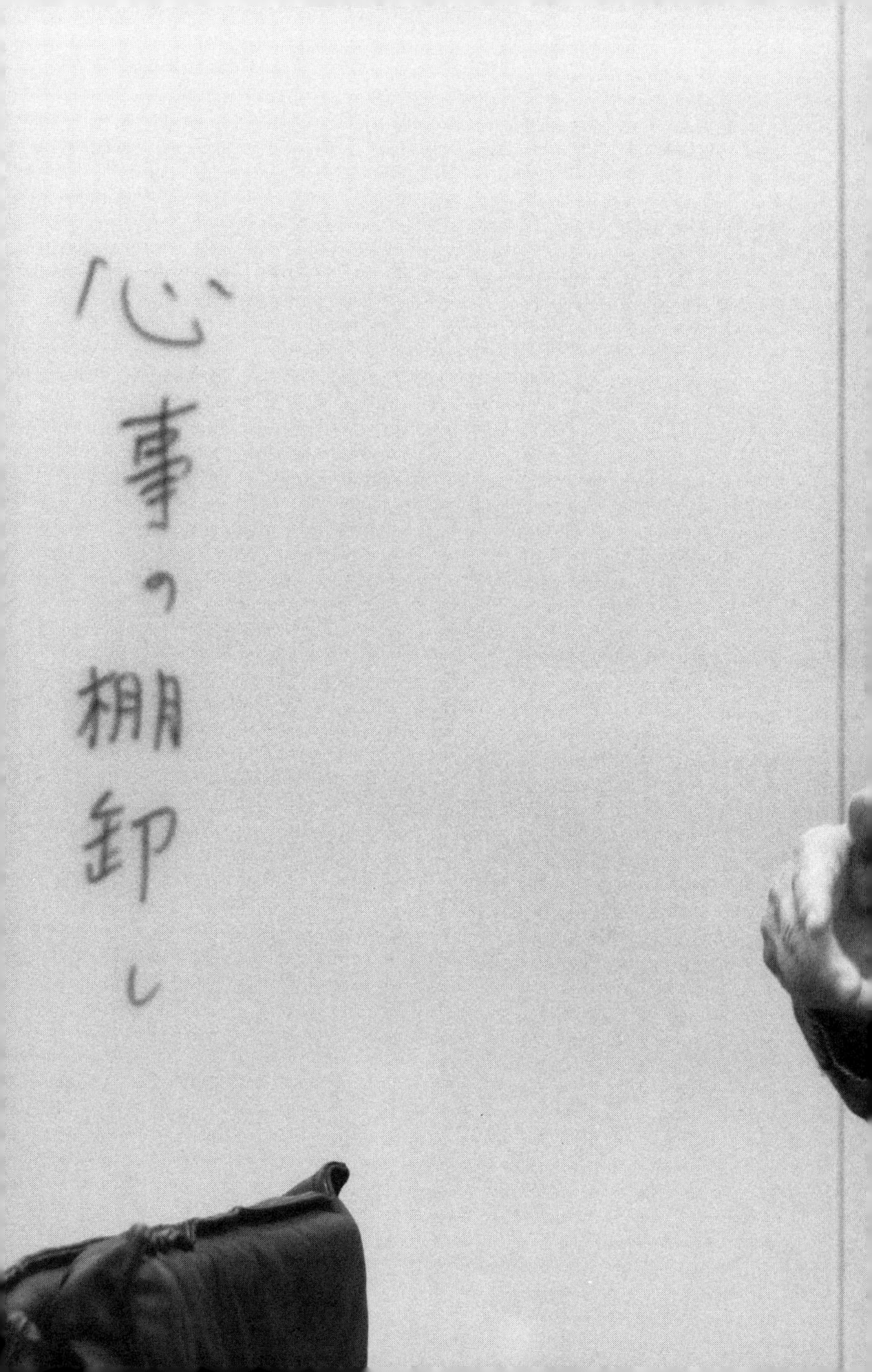
「心事の棚卸し

日本は1991年のバブル崩壊から二十数年経った今も経済状況が一向に改善しません。それに加えて、東日本大震災が発生して人々は非常に苦労しています。政治家が人々の苦しんでいる状態をしっかり頭に入れて、リーダーシップを発揮していって欲しいと思います。

さらに、若い皆さんも、将来リーダーシップを発揮していけるよう、常に国家の未来を考えていって下さい」


不思議な感覚が続いた。我々はパスポートを持って外国に来たはずなのに、ましてやかつて台湾を指導していた方とお会いしているのに、ここは完全な日本語の空間なのである。留学経験のある方の日本語ではなく、本当に日本人の日本語。もちろん李登輝名誉会長が日本統治時代に生まれ、日本語教育の元に育ったことや京都大学に在籍していたことは知っている。ただ、頭で理解することと、目の前で経験し、身体で知ることとは全くの別物であった。お会いしたときに感じた迫力、あれもまさに体験を通して知り得たものと言えるだろう。

日台若者交流会の設立が実現して、李登輝名誉会長からご高話を賜《たまわ》った。我々は満足していたが、実はここからが本番であった。

台湾へ赴く1ヶ月ほど前、李登輝名誉会長へ質問を明記したカードを提出していた。なんと李登輝名誉会長はその全てに目を通しており、その上で圧倒的に多くの時間を質疑応答と参加メンバーとの対話に使って下さったのだ。

＊

質問——林純《はやしじゅん》（20代男性・大学職員）

現在インターネットが発達するなど、この十数年の間で社会の情報化を取りまく環境は大きく変わりました。そうした変化がある中でも、生きる上で大切にするべきものは何でしょうか。

お答え——

インターネットに於ける新たなSNSは世界中に大きな影響を与えています。実は、私もフェイスブックをやっていてね（笑）。このように多くの展開を見せているIT分野の発展に私は強い関心を抱いています。

20世紀の大きな変化としては科学技術の発展が挙げられます。その中でもコンピュータを中心とした通信技術が発達し、21世紀はコンピュータ、インターネットのIT時代に入りました。IT分野は他分野の考え方も取り入れ急速に発展しています。最近ノーベル賞を受賞した日本の科学者らによる量子理論の考え方を利用しているものもあります。

一方、IT時代では多くの情報が溢れ、何が本物か嘘か分かりにくくなってきている状況です。インターネットを使っていると嘘のことを本当だと思いこんでしまうこともあります。

このような潮流の中で大切なものは何かというと、科学技術の意識と人間の内部的な意識を区別することです。科学技術の意識は合理的であるか、実証的であるか、普遍的であるかなど、モノとモノの関係です。

人間の内部意識は、私の考え方とあなたの考え方は違うといった多元的なものの見方をするものです。そうした人間の内部的な意識を持つためには「宗教と芸術」が重要になってくると考えています。多くのものに触れて皆さんの中にある、人間の内部意識を高めていって下さい。

＊

質問　森貞之《もりさだゆき》（30代男性・アーティスト）

李登輝名誉会長のお言葉で、「私自身よりも他を優先する」というものがあります。国のリーダーや人の在り方に関してどういったことが大切か伺いたいです。

お答え――

国のリーダーになるには第一に「信仰」が大切であると私は考えています。信仰とは何かというと、人間と神様の契約です。神様が何を言ったか、その契約を我々は守らなければなりません。恐らく仏教にしても、同じように契約があると思います。

ところで、中国では皇帝になったら「私一人」という表現をされます。皇帝自身のやりたいことが勝手にできるから「私一人」です。しかし、そのような中国的な考え方ではだめです。私心から政治を行うのでなく、信仰を基にした確固たる信念を持ち政治を行うことが必要なのです。

次に大切なことは、国民から権力をもらったら仕事のために使い、仕事が終わったら権力を返せということです。

総理大臣は朝から晩まで総理大臣と考えてはいけません。仕事をしているときは総理大臣、それ以外は総理大臣ではありません。権力は国民のものなのです。これが民主社会です。こういう考え方で、権力をいつでも返す、放棄するということが大切なのです。公と私をはっきりと区別するべきです。

またカリスマの真似をしないことも必要です。テレビや新聞というメディアを意識して誰か成功者の真似をするべきではありません。国民に対して誠実に正直に話をするという姿勢こそが大切です。

*

質問―安中珠世《あんなかたまよ》（30代女性・政党職員）

李登輝名誉会長が大切にしていらっしゃる聖句をお教え下さい。

お答え―

私は聖書に非常に詳しいですが、大切にしている聖句はないなぁ（笑）。代わりに、あなたに贈りたい言葉が二つあります。それは「誠實《せいじつ》自然」と「心事の棚卸し」です。日本人は古来より生活に於いて自然との融合を図ってきました。例えるならば、松尾芭蕉《まつおばしょう》による紀行文集の『奥《おく》の細道《ほそみち》』のような生活です。

老子《ろうし》の言葉に「道の道とすべきは、常の道に非ず」というものがあります。

つまり、これが道だと言いあらわせるような道は、本当の道ではないということです。

この点、日本では道ということを口にしないでちゃんと生活の中に取り入れていっているのです。花を生けるときは華道、お茶を飲む時は茶道、他にも書道、剣道、柔道というようにさまざまなものに道が付きます。これは日本人の持つ誠実さと自然の融合に他なりません。世界を見ても、このような民族はなかなかいないでしょう。

もう一つ、心事の棚卸しとは、自分を絶えず公開する、自分を見るという意味です。つまり、自分には何ができて何が不足しているかを検討し続けなければならないということです。

これは慶應義塾の福澤諭吉が『学問のすすめ』の中で著したものですが、今の日本人にとっても必要なことです。今の日本のリーダーには、残念ながらこの部分が欠けています。ですから皆さんには、心事の棚卸しができる人物になっていってもらいたいと思います。

この質問をしたあなたには「誠實自然」のペン立てをあげましょう。

＊

質問―佐野英志《さのえいじ》（20代男性・大学院生）

私は、台湾について一種の理想を抱いています。それは、戦前の日本人の姿です。世界中から、ファシスト・帝国主義と批難されていましたが、アジアのため、日本のため、社会のため、他人のために労をおしまない日本人の気質、「助け合い」にもとづいた社会。そのような光景を日本は失ってしまいつつあると感じています。

「誠實自然」や「心事の棚卸し」など日本人の精神のお話が出てきましたが、もし台湾に昔の日本の姿があるのであれば、私はそれを日本に持ちかえり、日台友交を軸に日本の若い人々、社会人に古き良き日本をとりもどして欲しいと考えています。

李登輝名誉会長から見た台湾に「古き日本」は残っていますでしょうか？　もし残っていれば、日本へ逆輸入は可能だと思われますか？

お答え―

武士の心得を記した書として知られる『葉隠《はがくれ》』に、「武士道とは死を見つけたり」という一節があります。これはどういう意味かと言いますと、「人間は死ぬからこそ、生きている間に何か事を成さねばならない」ということです。

そして、死というものを徹底的に追求した時に、初めて生きることの本当の意味を知るのです。そこで生まれる誠実さ、それこそが日本人独自の死生観の中心であり、日本人精神そのものだと思います。

また、今の台湾に日本人精神が残っているかという質問ですね。現在、台湾には神様のように祀られている日本人が八田與一《はったよいち》を始め5人もいます。彼らが台湾に植えつけた精神とは大変なものです。

彼らによって近代観念が台湾に導入され、時間を守る、法を遵守する、さらに金融、貨幣、衛生、そして新しい経営観念といったものが徐々に台湾人を作りあげていきました。

しかし国民党政府が台湾を接収した後の1945年から1990年までの45年間、台湾では台湾意識が台頭し日本化抹殺をしました。

私は今このように皆さんと日本語を話していますが、こういうことができるようになったのはここ2、30年の話で、一時的に台湾では日本語を話せませんでした。日本の雑誌・映画などを制限して日本文化を消しさると同時に、中国人の観点による歴史・文化を注入し、台湾人を中国人に変えようとしたのです。

中国社会は託古改正《だっこかいせい》、つまり古に基づいて国を改めていきます。中国は5千年の歴史の中でこの方法を採り続けてきました。しかし、これは私に言わせれば託古不改正です。私の考えは脱古改正で、古き考えは改めなくてはならないというものです。

話を戻しますが、日本人精神は一部の人には残っていると言えるでしょう。しかし、今後は難しいと思います。台湾社会に於ける客観的考え方が非常に大きく変化してきています。ですから、私は総統を辞めた後、李登輝学校というのをつくって、改めて日本人精神を教育する仕事もしています。これで少しは台湾人の精神が良い方向に向かうのではないかと思っています。

*

これはあくまでも私個人のことだが、人生の先輩からいただいた言葉は、時に聞いてそのままにしてしまうことがあった。おっしゃっていることは分かっても自分がどうそれを実践すればいいか分からないからだ。

だが、李登輝名誉会長はそういった疑問を残す方ではなかった。お会いした時間を三つのパートに分けると、最初の挨拶と握手の時間ではその迫力を肌で感じることができた。ご高話

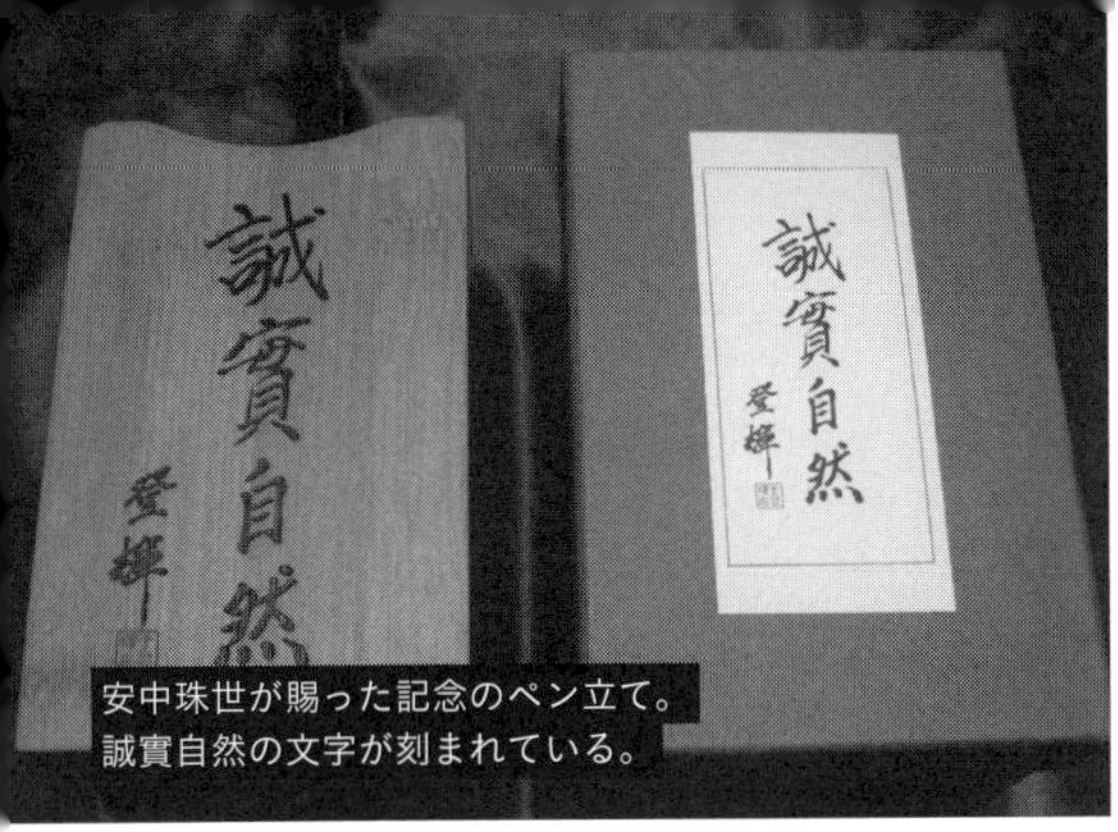

安中珠世が賜った記念のペン立て。
誠實自然の文字が刻まれている。

では年齢を微塵《みじん》も感じさせない迫力とパワーで、明確なお言葉の数々を拝受した。まだこの時点では元総統である指導者にお言葉をいただきましたという程度で終わっていたのかもしれない（もっとも、「人間は、こんなにオーラを出すことができるのか」と思えただけで素晴らしい収穫である）。だが最後の質疑応答の時間が、これまでわずかに残っていた疑問を見事に解消してくれたのだ。誤解を恐れずに言えば、等身大の人間李登輝を垣間見ることができて、その全てがすうっと身体に入ってきた。

さまざまな勉強をしなければならないという話の中で、「実は昨日も本屋に行って来てね。アメリカの大学の生物学の教科書を買ってきたんだよ」と笑いながらおっしゃる場面があった。

歴史、インターネット、量子論、多岐にわたる分野についての言及があり、なぜこんなに何でもご存知なのだろうという疑問が浮かんだ。しかし、このことをお聞きして「あ、こうやって今でも勉強をされているのか。まさに現在進行形！　その積み重ねが目の前にあるのだな」ということが分かるエピソードであった。

そしてそれを楽しそうに語る姿が非常に印象に残っている。このエピソード一つをとっても、アジアの巨人が目の前にいる凄さと、一方で笑顔の多い等身大の人間李登輝を同時に垣間見ることができた。李登輝名誉会長は現在90歳である。帰ったら私も勉強しなければと、心から思えたのである。

最後に、日台若者交流会のスローガンである「超越国境」について、以下のようなお話をされた。

「『超越国境』は良いスローガンです。だからこそ、最後に皆さんに伝えたいメッセージがあります。

大事なことは、ラクダになることです。ラクダは砂漠という厳しい環境で働いています。水分を蓄え、重い荷物を持って、長い道を耐え忍びながらゆっくり歩みを進めます。一番苦しい修練を積んでいるのはラクダなのです。それを超えると、動物の王であるライオンになれます。ライオンとして働いたら、最後は巨人になれます。その道が情熱というものなのです。人間というのは、超越していくべき存在なのです。ですから若い皆さんも、学びの精神を持ち続け、人生を超越していって欲しいと願っています」

この言葉こそ、李登輝名誉会長が歩まれて来た人生そのものであり、いまだ衰えぬ情熱の源泉なのではないだろうか。

李登輝名誉会長のお話は本来は90分の予定であったが、我々へのご高話と丁寧な質疑応答により予定時間を大幅にオーバーして120分以上の時間をいただくことになったのだ。他には変えがたい大切な時間であった。

最後に李登輝名誉会長にも「やるぞーッ!!」とガッツポーズの掛け声と共に写真撮影も完了!

120分を超える充実した謁見が終わった。

だがしかし！　この謁見の直後にもう一つのメインイベント、「設立記念100人晩餐会《ばんさんかい》」が台北市内の名店「好記担仔麺《ハオチータンツーミエン》」で行われるのだ！　バスよ、急げ！

19時、日本人と台湾人各50名、合計100名が集結し、晩餐会が始まった。これがまた実に精鋭烈々で、我々の集まりに台湾側も応えるが如く、台湾大学、政治大学といった台湾の名門校の学生や日本語学科の学生たち。欧米留学を経てすでに社会で活躍している人々も集う。さらにピアニストやミュージシャン、軍人など、独特の雰囲気を醸し出す人々も、会場へ吸い込まれていく。

第1章で登場した台湾高座会からは、李雪峰総会長を初めとする10人の方々が筆頭円卓にお座りいただく形でご参加下さった。70年に及ぶ日台の太い絆を築きあげてきた大先輩、大先人である。同じく第1章に登場した台北のゲストハウス山田屋の山田玄《ひろし》さんとバックパッカーの皆さんも参加！

途切れることのない話し声がどのテーブルからも聞こえ、そこにすばらしく美味しい台湾料理が24回にもわたり運ばれてくる。ともすれば収拾のつかないほどの賑やかさに会場は包まれていた。今後何が起こるかは予想不可能ながらも何かが起こることは確実！　と思わせる、そんな晩餐会だったの

予定時間を大幅にオーバーする120分を超えるご高話と質疑応答。
まさに李登輝名誉会長白熱教室だ。

後方には「超越」の文字。

である。

一つ心に残る出来事があったので紹介しておきたい。それは岡本秀世さんが登場したバラエティー番組「奇跡体験！　アンビリバボー」の映像を流した時のことだった。

やっぱり良い話だなぁと思いながら見ていたが、ふと会場全体を見回してみると台湾高座会の方々が涙を浮かべているのに気が付いた。

映像の中と同じ時代を生きた台湾高座会の皆さんは、昔を思い出し、自分と重ね合わせてしまい再会のストーリーに感極まってしまったとのこと。その姿に日台の絆の原点を感じた我々は、改めて今後その絆を深化させる必要性を認識し、東日本大震災への多くの支援に対して壇上に立って台湾の人々へ向けてお礼を申しあげた。

最後に安西代表直筆の「超越国境」の横断幕を思い切り拡げて100人全員で集合写真を撮影！　最大級の気合いを入れた。この盛り上がりは、次回の第2回東京大会に於いてまた火を噴くはずである。

今回の2泊3日、72時間の台湾滞在はあっという間に過ぎ去っていった。だが、恐ろしく濃密な時間を過ごした我々は、疲労感のメーターが完全に振り切れていた。一方では今後への期待から心のエネルギーは満タンであった。

次につながることを考え始め、何か自分で始めるのでもいい。成功でも失敗でも構わないから、とにかく次のアクションを自分たちで始めたい。きっとこれが、0《ゼロ》を1《イチ》にするエネルギーなのだと思う。

台湾を発つ前に、日台若者交流会顧問でもある湯齢娜《たんりんな》さんのお店「廣方圓《こうほうえん》」で美味しいお茶をいただき、こうしてひとまず今回

の訪問を最高の気分で終えたのであった。
参加メンバーが興奮冷めやらぬうちに、機内にて書きあげた感想文を掲載し、日台若者交流会設立記念大会の模様を締めくくる。

佐野英志《さのえいじ》（20代男性・学生）

台湾の方々が、日本について特に東日本大震災に対して関心を寄せていたことが一番心に残った。いくら親日家であるとはいえ、海外の災害に対して、ここまで関心を持っていることに何か特別な感情を覚えた。

指導者がどのような心もちであるべきか、李登輝名誉会長の経験を通じて、その断片が見えた。「リーダー（英雄）は孤独である」という言葉が

「設立記念100人晩餐会」のポスター。
日本と台湾を象徴する花、桜と梅がデザインされている。

多彩なゲストが集まった「設立100人晩餐会」の模様。

あるが、英雄を孤独にするのは「利己的」な心である。人々のために生きる、利他的な心もちこそリーダーをリーダーたらしめるのではないか。

「心事の棚卸し」という言葉をいただいたが、私たちがもつ「私心《ししん》」をいかに「他心」に転換することができるか、政治だけでなく、交友関係、親族関係、人が複数以上集まる場に於いてその大きさの差はあまり関係なく、この考え方は必要だと実感する。

山岸宏《やまぎしひろし》（20代男性・会社員）

李登輝名誉会長とお会いした時、何ともいえない大きさと温かみを感じました。人生で一大事を成しとげた方ならではの凄みとそして優しさがあふれていました。

人間は死ぬから生きているうちに何か事を成さねば

ならぬ。この言葉を聞いた時にぐぅっと涙がこぼれました。仕事をしていると目の前の忙しさにかまけたり、踏んばるのが辛くてあきらめたりしがちですが、力を取り戻す！　それが非常に大事だと思いました。

その後の晩餐会に於けるメンバーの積極的な貢献は、まさに私を捨てて公徳心《こうとくしん》を実践したといえると思います。

酒井《さかい》智康《ちこう》（20代男性・僧侶）

李登輝名誉会長がおっしゃった「宗教と芸術を大切にしていきなさい」という言葉が響いています。ともすれば、生きていく上で不可欠な衣食住以外の宗教であり芸術。しかし、人がよりよく生きるために大切なのは心をみがくことであると示していただけたことに、私は救われました。

自身と60歳以上も離れている李登輝名誉会長のお話はスッと頭に入ってきます。これはご本人もおっしゃっていたように、常に色んな世代と話す機会を自らがお持ちになっているからであると思います。縁というのは向こうからやってくる縁と自分で追い求めなければ掴めない縁というのがあると考えています。

今回はまさに安西代表の背中を追いかけて、李登輝名誉会長にどうしても逢いたいという皆さんの強い気持ちが掴んだ縁だと思います。人の嫌がるトイレ掃除を続けた先の縁、その景色を自分も追い求めていきたい。お前もそろそろ動いたらどうだ？　と諭されている気持ちでした。

今、自分が直面している寺離れ、宗教離れというのは、我々宗教者の危機感の薄さが生んだもの

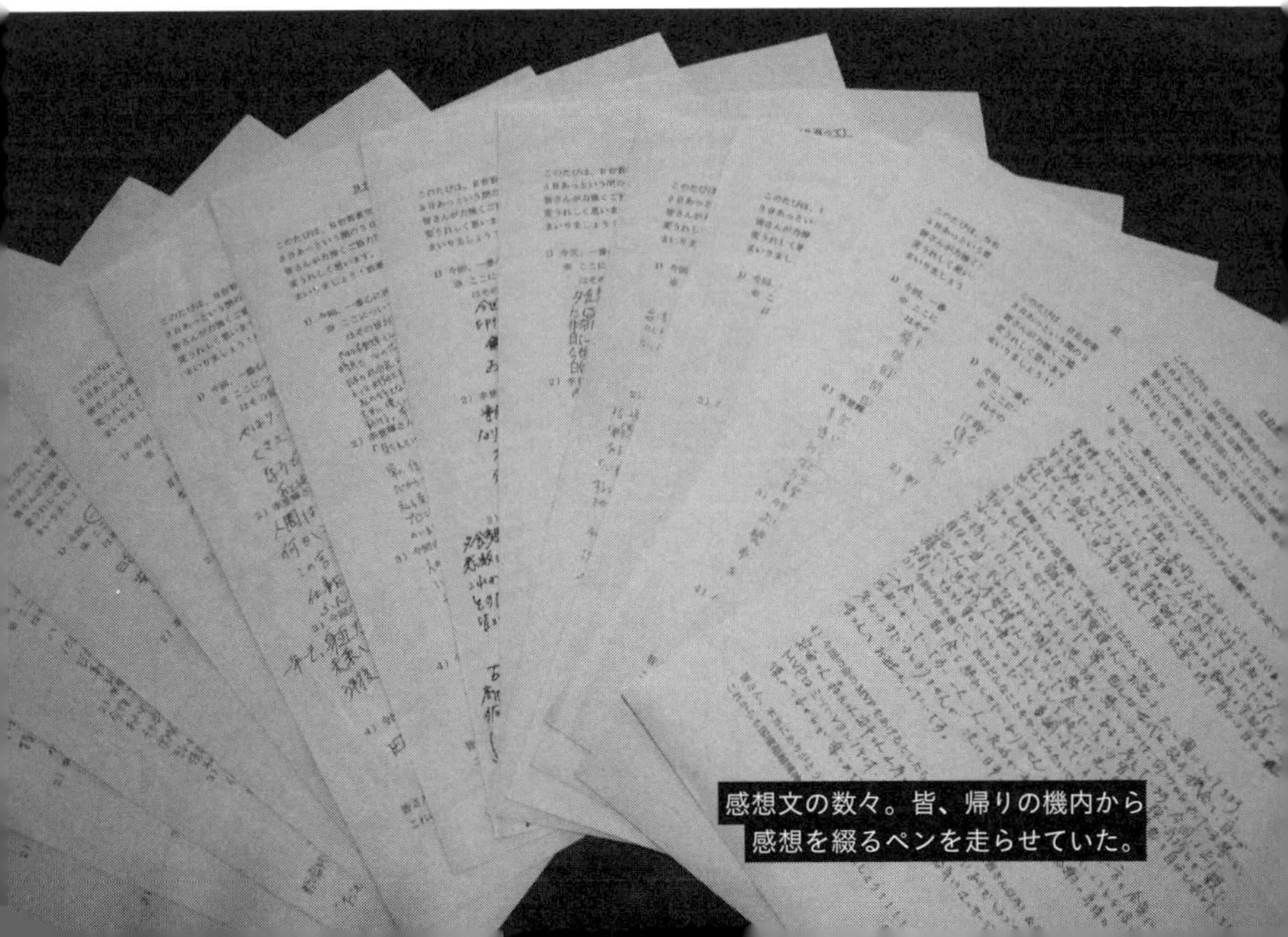

感想文の数々。皆、帰りの機内から
感想を綴るペンを走らせていた。

であると思います。改めて強い決意を持って、自分は自分の信じる道を進んでいこうと思いました。

林《はやし》 美貴《みき》（10代女性・学生）

晩餐会で自分と年の近い18歳の学生と話すことができました。彼女は日台の友好関係、経済、国際社会の視点からの日台関係に強い関心を持っていました。日本の18歳は自分のこと以外に無関心な人が多いため、強く印象に残っています。

また、李登輝名誉会長について、日本人より日本に興味を持って下さっていると感じました。日本人が震災時の首相の対応を批判する内容は、その多くが「原発の対応が遅い」「識者でもないくせに現場を怒鳴り散らす」などでしたが、李登輝名誉会長は「人民の苦しむ姿を上空から眺めるなんて」と悲しんでおられました。被災者の方々の立場に立てばそれが一番悲しかったと思います。その点でも、李登輝名誉会長は日本人よりも日本を知り、愛してくれていると感じました。

古澤彬《ふるさわあきら》（20代男性・東北ボランティア）

李登輝名誉会長は、大変お厳しい方だと想像していましたが、会場にいらっしゃった時点で、心の芯から伝わる優しさが会場の緊張感を温かいものに変えたのを覚えております。

日本の政治家以上に日本について語り、日本を越えた世界の情勢にも明るく、全てのことに優しさをもって対処される世界のリーダーたるお方だと思いました。

私の好きな言葉に沢庵という僧が宮本武蔵にかけた「強いものは優しい」という言葉があります。本当に優しい人は自分の行動に責任をもち、一貫性をもって相手のために動く。正にその言葉を体現されている方だと思いました。

「見られていなくても信頼される人になる」今回のご高話で印象的な言葉でした。常に信仰（一貫性）を持って、「人のために」をお考えになられているからこそ語ることのできる言葉だと思いました。

私も東北復興のために、時間も能力も限りある中でプロジェクトを進めていくためには、必要になることだと思います。でも、そうなるためには今も勉強し続けている李登輝名誉会長以上に努力と勉強と行動を継続していかなくてはと、非常に身が引き締まりました。ありがとうございました。

前田幹太郎《まえだかんたろう》（20代男性・学生）

まず、熱く盛り上げていく安西代表初め、メンバーの意気込みの強さがとても心に残りました。また李登輝名誉会長のお話から、お金や物質にとらわれることのない精神面での成長が大切であると再認識しました。

自分の中に自己の利を考えないもう一人の自分をつくり、判断を委ねるという思想を初めて知りました。また、押しつぶされそうな重圧におかれても信仰によって克服できるというお話はとても説得力がありました。

自分には計り知れない偉大な方なのに、その権力を見せつけない所に親近感すら覚えました。

山岸祐子《やまぎしゆうこ》（20代女性・主婦）

晩餐会に100名集まったことに何よりも驚きました。呼び掛けから開催まで日が短かったにも関わらず、日本人と交流したいと思って下さる台湾の方々があれほどいたことに感動しました。

日本人、台湾人に関わらず仲良く楽しんでいる様子を見て、正に李登輝名誉会長のお話に出

晩餐会の列席者限定で生産された、
日台若者交流会ロゴマーク入り湯のみ。

てきた「脱古改正」の第一歩ではないかと思いました。

今後更なる科学技術の発展があろうとも、一番大切なのは人間の内面の意識だということです。その部分をしっかりと鍛えて、ゆるぎない自分自身をつくっていきたいと思います。

市《いち》川《かわ》祥《しょう》子《こ》（20代女性・学生）

晩餐会で台湾高座会の方たちとお話できたことが印象に残っています。彼らにとって日本統治時代は苦い記憶なのかもしれないと心配していましたが、「日本は第二の故郷」だと笑顔で語る姿を見て感動しました。

日本での人とのつながりが、彼らの苦い記憶をも包摂《ほうせつ》して、「良き思い出」にしているように感じました。人とのつながりは、世界全体の動き以上の影響を人々の心に与えるのだと感じ、これこそが「超越国境」の精神だと思いました。

李登輝名誉会長からも同じように人と直接的に触れ合うことの重要性を学んだと思います。震災が起こった際に、菅元首相が自分の足で被災地を歩き、被災者の声を直接聞かなかったことを繰り返し指摘されていたことが印象的でした。直接的な会話が個人的な関係や国政にあたえる影響を重要視しておられるのだと感じました。

超越国境

第四章

Beyond the Border - Chapter 4

錚々《そうそう》たる協力者たち
～実践すれば、道は開ける～

まさしく行動は力である！

見る前に跳べと言わんばかりの勢いで飛びだした我々を、強力にバックアップして下さる日台の有識者が、顧問並びに協力者として名を連ねています。

超越国境の理念と実践にご賛同下さった心強い協力者の皆様からのメッセージです。

日台の絆と、その未来へ向けて

日台若者交流会顧問　山下晋一《やましたしんいち》

この度の「日台若者交流会」の設立、おめでとうございます。心よりお祝い申し上げます。

昨年11月の台湾での「日台若者交流会」に先立ち、東京都内で開催された事前勉強会で講話をさせていただきました。その中で参加者の皆さんから一生懸命台湾について学びたいという熱い想いを感じ、大変力強く感じました。

私の台湾への想いの原点は、台湾赴任時に薦められた司馬遼太郎《しばりょうたろう》さんの『街道をゆく　台湾紀行』です。事前勉強会でも、宿題として皆さんに読んでいただきました。私自身それまで台湾について学校で教わることなく、中国の一部という誤った認識を持っていました。残念ですが、これが今でも多くの日本人が持っている台湾に対する認識だと思います。

この本で後藤新平を初め数多くの日本人が台湾の基盤作りに果たした役割を知ると共に、李登輝名誉会長が進められた台湾民主化を知りました。台湾駐在を通し、数多くの日本教育を受けた台湾の方々とお付き合いさせていただきました。

台湾紀行の案内役をされた「老台北」蔡焜燦《さいこんさん》さんは「私は親日ではない、愛日だ」と話されます。日本に二度捨てられたという話も聞きます。終戦時の日本による放棄と日中国交正常化に伴う国交断絶です。元日本人であった台湾の方々の日本からの国交断絶に対する悲しみの大きさを私は台湾で知りました。断絶後、民間交流という名目の下に日本教育を受けた台湾の皆さんが中心となって、日台の絆を強化してこられました。

その結果が東日本大震災時の２００億円を超える義捐金に繋がっています。

世代交代が進む中で、今後の日台交流を中心となって支えていくのは若い世代の皆さんです。民主化後の教科書「認識台湾」で正しい台湾の歴史を学んだ若者たちと日本の若者たちが先人の熱い想いを引き継ぎ、しっかりと交流、連携し、日台関係を発展させていくことが重要です。「日台若者交流会」が今後の日台関係に果たす役割は大きく、その活躍に強く期待しています。超越国境の理念と共に、是非一緒にやっていきましょう。

山下晋一［やました・しんいち］

1955年北海道生まれ。釧路空港ビル㈱常務取締役、CFP。早稲田大学商学部卒業。2008年から2010年まで日本航空台湾支店長として台湾駐在、台湾観光協会董事、台北市日本工商会理事、台湾日本人会理事を務める。2012年日台若者交流会顧問に就任。同年12月に台湾寄席実行委員会として交流協会、台湾協会などの支援の下に台湾寄席を台北で開催。

「日台若者交流会」設立を祝して

日台若者交流会顧問　湯《たん》齢《りん》娜《な》

2008年に親友でもある小佐野弾《おさのだん》さんが、日本から台湾へ数人の友達を連れて「廣方圓《こうほうえん》」へお茶を飲みにいらっしゃいました。その中には同級生、幼馴染、そして大学の先輩がご一緒で、その先輩が安西直紀さんでした。

その時、彼は著書である世界各地をまわり記録をまとめた『睨《にら》むんです』を見せてくれました。彼は本当に世界の隅々まで行っていて、その各名所で力強いファイティングポーズを見せていました。奇抜な書籍を生みだしている行動力ある面白い人物。それが安西さんに対して私が最初に抱いた印象でした。

その後、安西さんは台湾を訪れる度に、「廣方圓」へいらっしゃるようになりました。そして昨年、李登輝元総統と彼が「日台若者交流会」を設立する話を聞きました。私は大変驚きました。そしてこれは本当に素晴らしいことだと思いました。

台湾と日本は地理的に近いだけでなく、両者間には歴史上切り離すことのできない関係があります。台湾の年輩者の多くは日本の教育を受けているため、日本には深い感情を持っています。しかし時代が変わるにつれ、今の若者たちの日本との交流はかつてほどのものではありません。

安西さんは、著書にあるように独自の考えを持ちながら行動力と実行力を併せもち、なおかつ世界の多用な価値観を受け入れることができる人物です。

その彼が超越国境の理念を軸にして「日台若者交流会」に対するビジョンを持ちあわせていることを理解し、深く意義あることだと感じました。そして、李登輝元総統の日台の若者への思いと期待にも感動しました。

安西さんが代表に、李登輝元総統が名誉会長に就任する「日台若者交流会」の旗の下に集う若者たちは、まさに未来を自分たちの手で創造する新日本人、新台湾人と呼べる存在です。そしてアジアと世界を見据える若者たちの中から、新アジア人が生まれることでしょう。

私はこの会に顧問として参与できることを光栄に思うと共に、「日台若者交流会」に大勢の若者が参加し、発展していくことを願っています。

湯齢娜［たん・りんな］

台湾・台北市生まれ。実業家、茶商。1980年に正中茗茶を創業（後に廣方圓茗茶に改名）。親日家であり、東日本大震災後に2000箱を超える被災地支援の烏龍茶を生産する。独自の視点を持って中国茶文化を広げる活動を続けている。2012年日台若者交流会顧問に就任。

台湾から多くを学ぶべき時

日台若者交流会顧問　小佐野弾《おさのだん》

私は大学に在学中の2004年に台湾で会社を設立し、それ以来、一人のビジネスに携わる者として、台湾と関わってきました。一方で、博士課程に在籍し、東アジア・東南アジアの経済・社会を研究する研究者の卵でもあり、研究の対象としても台湾という場所を見つめてきました。この二つのフィールドに於いて台湾と関わる中で、多くの台湾人と親交を結び、また多くの台湾人に助けられてきました。

商業活動に於いて、研究活動に於いて、そして何より日常生活に於いて、この10年近い台湾での暮らしの中で、「日本人である」ことを理由に台湾人から不愉快な思いをさせられたことは一度もありません。

1895年の下関条約に基づいて台湾が清国から日本に割譲《かつじょう》されて以来1945年まで、日本と台湾は50年という長い年月にわたって、歴史、言語、信仰の他さまざまなものを共有しました。その歴史には、正負それぞれの評価がありますが、今日の台湾に於いて、大多数の人が日本に対して好感を抱き、日本文化に強い興味を持ち、日台関係の重要性を評価しているのは確かです。

私は今、台湾に於いて日本文化の代表である「抹茶」ならびに「緑茶」を主体とした飲食店チェーン「TSUJIRI 辻利茶屋」を展開しており、幸い好評を頂いて、現在台湾国内に4店舗を構えています。私の店が台湾のお客様から根強く支持されているのも、台湾人の日本文化に対する親近感に起因するものと考えています。

また、日本のテレビドラマや音楽作品、文学作品などの台湾に於ける人気は極めて高く、日台の「絆」は文化的・商業的に、ますます広く深くなっています。その日台の「絆」の顕著な証となったのが、2011年3月の東日本大震災に際して台湾から寄せられた莫大な義捐金にほかなりません。

無論、これまで数多くの日本人が日本と台湾の関係について論じてきました。その多くは、日本統治時代や台湾の高度経済成長期に於ける日本の台湾に対する「貢献」に字数が割かれているように思います。台湾の社会経済発展ならびに近代化の過程に於いて、日本が果たした役割は確かに大きなものがあると思いますし、台湾がかつて日本から多くのことを学んだのもまた事実でしょう。

しかし、21世紀を迎えて10年以上が経過した今、私はいよいよ台湾が日本の「先生」となり、日本が台湾から数多くのことを学ぶべき時が来ている、と確信しています。

日本よりも合計特殊出生率が低い水準にある台湾は、少子化問題への対策では日本よりも先を行っています。また、女性の社会進出やジェンダー・エンパワーメントに於いても、台湾は日本のはるか先を行く「大先輩」です。日本の国会に於ける女性議員の比率は約10パーセントですが、台湾の立法会（国会に相当）に於ける女性議員比率は、33パーセントを超えています。

性的少数者の権利保障や運動も、台湾は日本よりもはるかに先進的です。また、台湾では一定以上の売上がある商店・企業などには、国が管理・発行するレシート（統一発票）の使用が義務付けられており、このレシートは全て「宝くじ」になっています。レシートが「宝くじ」となっている以上、大多数の消費者がレシートを求めることとなり、これは企業会計の適正化・透明化に大きく寄与しています。

このように、台湾の社会制度システムには、日本よりも先進的で、かつ現在の日本が抱える問題を解決するためのヒントになりうるものもたくさんあるのです。

台湾という「先生」が隣人であることは、日本にとって幸運以外の何ものでもありません。そして、日本の将来を担う、21世紀を生きる日本の若者が、謙虚に、そして積極的に台湾から多くのことを学ぶことを通じて、より魅力的な日本を作りあげ、日台間の「絆」をさらに深めていくことを願ってやみません。

私もまた、その一助となるべく、これからもこの「麗しの島」台湾で、優しく、賢く、穏やかで情熱的な台湾の人々と共に励んでいきたいと思います。

小佐野弾〔おさの・だん〕

1983年東京都生まれ。高平摩志股份有限公司董事長兼総経理。慶應義塾大学経済学部卒。同大学大学院経済学研究科修士課程修了。同博士課程退学。大学在学中に台湾で事業を開始。現在は台湾で「TSUJIRI 辻利茶屋」を展開する。2012年日台若者交流会顧問に就任。

日台交流の価値について

日台若者交流会台湾側代表　田村田佳子《たむらたかこ》

日台交流は、国民一人ひとりが、民間の外交官として目覚め、活動する素晴らしい機会を与えてくれます。幸か不幸か、台湾は国際的には国家として認められていません。日本では中国への配慮から、台湾について、教科書でもメディアでも、正確な情報や歴史が伝えられていません。そのため、多くの日本人が台湾を中国の一部と勘違いしています。

東日本大震災に於いて、台湾からの義捐金の総額が「世界最高額」の200億円を超えました。この出来事を経て、今まで台湾を深く知る機会がなかった日本の若者たちが、「台湾ってどんな国なの？」と関心を持ち始め、台湾政府への日本政府の冷遇的対応を知る人が増えました。

そして、親切にしてくれた台湾の人に対して失礼だと胸を痛め、多くの民間人が、それぞれの方法で台湾に感謝の意を示す行動が自然発生的に沸きおこりました。

「あなたの国があなたのために何ができるかを問うのではなく、あなたがあなたの国のために何ができるのかを問うて欲しい」。ジョン・F・ケネディの有名な演説の一節があります。

震災の後、感謝を伝えたいと思い台湾を訪れる日本人観光客が増えたそうです。「台湾ありがとう」というTシャツを着て歩いている日本人観光客を見かけ、感動し、目頭が熱くなった記憶があります。

恩返しに、私にもできることはないかな？　と考えさせられました。ジョン・F・ケネディの演説のように個人が、政治家や官僚に任せるのではなく、自分のことのように関心を持ち、行動を起こし続ければ、どんなに素晴らしい世界になるか想像するだけでワクワクします。

台湾の華視新聞とＹａｈｏｏ！奇摩《キモ》の共同調査によると、２０１１年の最高に幸福な出来事の第１位が、「東日本大震災に対する台湾からの義援金額が世界で最も多かったこと」だったそうです。日本の国難をこれほどまでに自分たちのことのように応援し、日本を愛している台湾の人たちがいるのです。

そのことを一人でも多くの人に実際に台湾を訪れ、その目で確かめて欲しいです。私も国境を越えて日台の架け橋となるような、両国の役に立てる存在になることを目指して頑張っていきます！

田村田佳子［たむら・たかこ］

台湾・台北市生まれ。日本と台湾のハーフ。アメリカのオレゴン州立大学卒業。外資系企業でブランドマーケティングの事業に関わり、震災後に台湾へ。台湾で設立した法人の名称を李登輝名誉会長から直々に「超越」と、命名される（法人化の際に名称を「超越誠實自然」として登録した）。日台若者交流会台湾側代表に就任。

日台若者交流会と超越国境

ピアニスト　黄《こう》 凱盈《がいいん》

子供の頃を振りかえってみると、思い出の中にいつも日本のアニメ番組がありました。普段の生活の中でも日本製の物がたくさんあり、もっと小さい頃は祖母が日本の歌を聞きながら日本語を教えてくれたものでした。日本に行ったことがなくても、台湾に生まれ育った我々にとって、日本の文化は本当に親しみのあるものなのです。

15歳の年に、日本は私の人生にとって更に意義のある存在になりました。日本の奨学金で、浜松で行われた音楽研修会とピアノコンテストに参加したことが、ピアニストとして台湾から世界へ踏みだす第一歩となったからです。十数日間の滞在中、日本や世界各地から集まったピアニストたちの、それまで味わったことのないハイレベルな演奏を聴き、それがその後の私に、ヨーロッパやアメリカに留学する勇気を与えてくれました。

今、私は頻繁に世界各国を演奏してまわっていますが、どんな国へ行っても、その国特有の文化に出会えることにワクワクしています。それは視野が広がり想像力も豊かになるからです。さまざまな文化交流によって多くのものを考えさせられるのです。

こういう貴重な経験ができるのも、日本が15歳の私に世界への扉を開けてくれたからだと、とても感謝しています。

国境を越え、社会の階級を超えて生命の真髄を教え、そして人と人とを繋ぐもっとも誠意に満ちた気持ちを伝えるのが文化であり、そして音楽だと思います。だからこそ私は音楽と文化交流に対してとても大きな情熱を抱くのです。

これからも台湾と日本との間に元々ある強い絆が守られることを期待しつつ、「日台若者交流会」を通じて文化交流を行っていきたいと思います。そして我々と共に歩む若者たちが、世界の頂点に立つきっかけになることを祈ってやみません。

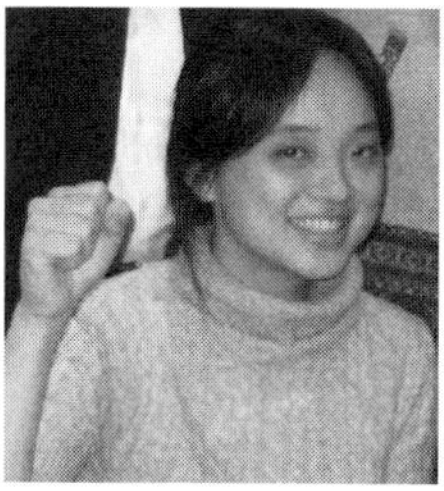

黄凱盈〔こう・がいいん〕

台湾・台北市生まれ。ピアニスト。アメリカのジュリアード音楽院卒業。イェール大学院、ニューヨーク州立大学博士課程修了。アメリカ、イギリス、日本、ドイツ、イタリアなど世界各地で演奏を行う。日台若者交流会設立記念100人晩餐会においてスピーチを行う。経済学への造詣も深く、著書に『溫水裡的青蛙』（商周出版）がある。

日本と台湾の若者へ向けて

台湾高座会総会長　李《り》雪峰《せっぽう》

この度は日台若者交流会の設立、本当におめでとうございます。また同時に設立記念100人晩餐会へお招きいただいたことを、心より嬉しく思います。

我々は青春時代を日本人として過ごしました。第二次世界大戦の最中の1943年、私は8400名の台湾の若者と共に少年工として日本本土の地を踏みました。

我々、少年工たちは、現在の神奈川県座間《ざま》市にあった高座海軍工廠を初めとする各地の工場へ派遣されて、戦闘機の生産に携わっていました。その際に何度も命を落としかける危機がありましたが、なんとか生き残ることができました。

終戦後に台湾へ帰還することになると、国と県との交渉を行うために台湾省民自治会を結成しました。我々は1945年から1946年にかけて、私も米山丸という船に乗って帰還しましたが、その船には偶然にも、日台若者交流会の名誉会長に就任した李登輝元総統も乗船していたのです。

戦争では、仲間たちを爆撃で失いました。今でも忘れることができない非常に辛く厳しい出来事も沢山ありましたが、それでも苦楽を共にして懸命に戦い、生き抜いてきました。そして、戦時中10代半ばであった我々に対して、多くの日本人は大変親切に、優しく接してくれました。そうした経験を経た我々にとって、日本は心の祖国なのです。

今年5月には、神奈川県で「台湾高座会留日70周年歓迎大会」が開かれます。我々も300名の仲間たちと共に、日本へ向かいます。実に楽しみな、心の祖国への訪問です。

我々もすっかり年をとりました。日台若者交流会のこれからの活動に期待をしています。日台の若者よ。日本と台湾、そしてアジアと世界のために、どうか我々の世代が積みあげてきた絆と糧を胸にして、未来ある良き交流を実現して下さい。

李雪峰［り・せっぽう］

1926年台湾・台北市生まれ。台湾高座会総会長。日台友好に於ける重鎮。第二次世界大戦の折に少年工として日本本土に上陸。日台若者交流会設立記念100人晩餐会に、台湾高座会のメンバーと共に参加。乾杯の発声を上げた。2013年春の叙勲で旭日小綬章を授与される。

コラム

台湾高座会留日70周年歓迎大会へ向けて

本書の原稿の締め切り直前に、大変嬉しいニュースが舞い込みました。2013年4月29日に日本政府より発表された春の叙勲で、台湾高座会総会長の李雪峰氏が旭日小綬章を授与されることが決まりました。李雪峰氏は、今から70年前の1943年に、8400名の台湾の若者とともに日本へ少年工としてやって来た人物です。空襲下の日本で局地戦闘機「雷電」の生産に携わり、終戦時の激動たる混乱期に、少年工を纏《まと》め上げて台湾へと帰還。生き残った少年工が集う同窓組織台湾高座会のリーダーとして、今以って日本に対して深い情愛の念を持ち続けて下さっている闘士です。

李雪峰氏と我々は、第一章に登場した岡本秀世氏の戦友探しの旅の最中《さなか》に出会いました。李雪峰氏は、「日本は心の祖国」と深く明言されると共に、超越国境の理念を元にした我々の取り組みに対して期待を込めて、「日台若者交流会設立記念100人晩餐会」に出席して乾杯の発声をして下さいました。また、本書においても前ページで御寄稿いただきました。

5月9日に神奈川県座間市において「台湾高座会留日70周年歓迎大会」が開催されます。実行委員長の石川公弘氏より、筆者も同大会の実行副委員長を拝命しました。同大会の成功へ向けて、日台若者交流会を挙げて全面的に協力体制を構築いたします。

台湾高座会の方々の多くは80歳を越えています。これまで日台関係を繋いで来た方々の多くが、高齢となってきています。だからこそ、我々は台湾高座会の精神を少しずつ継承する思いで、「台湾高座会留日70周年歓迎大会」の準備や設営に携わりながら盛り立ててまいります。

出会いは人生の財産であると思います。我々は李雪峰氏をはじめとする多くの先人たちの御指導御協力を仰ぎながら、熱意と創意を持って前進してまいります。

李雪峰氏と力強く握手。

背景の建物は、台湾高座会から神奈川県大和市に寄贈された「台湾亭」。日台の絆を象徴する場所だ。

超越国境

第五章

Beyond the Border - Chapter 5

超越国境の理念と実践
～「0」から「1」を生み出そう～

こうして、日台若者交流会は産声を上げました。日本の閉塞感を突破する試みと挑戦は、今、始まったばかりです。超越国境の理念と実践を元に、未来へ向けて我々が伝えたい展望と真意とは―

2012年4月に李登輝元総統からの提言を賜る形で発足が決まった日台若者交流会は、半年後の11月に、これ以上ない最高の形で設立を実現することができました。

同時にこの半年間、私は日本と台湾を幾度となく往来する中で、常に台湾と多くの台湾人に感じていた感覚がありました。その感情を一言で表すとするならば、〝親しみある空気感〟です。この〝親しみある空気感〟を、私は台湾に降り立つたびに感じます。台湾が日本から見て海外であることは間違いないのですが、しかし明らかに他の国や地域とは一線を画する近さを実感します。

私は、この空気感の正体は、人から発生しているものであると確信しました。台湾の人口は2300万人ですが、この人口の多くが日本、あるいは日本人へ向けて、親しみの空気を発して伝えてくれているからこそ、ある種の優しさを我々が感じているのではないでしょうか。

これは、日本人として、台湾という特別な隣人が存在するからこそ得ることができる、貴重な資源であると感じます。

私の理想は、台湾との関係はもちろんのこと、韓国も中国も、そして北朝鮮とも、互いを尊重し親しみを感じる関係を築くことです。難しい問題は山積していますが、実現できれば、どれほど素晴らしいだろうかと思います。

だからこそ、日台若者交流会、並びに超越国境プロジェクトは、互いの国々と民族の違いよりも、共通点を見出す人々が集う場でありたいのです。日台双方の友好親善はもちろんのこと、アジアのさらなる進化と発展を導き出して行く理念を実践する人々が集う組織を目指してまいります。

では、日台若者交流会並びに超越国境プロジェクトに集う人々はどのような人であるのか、それは「一歩踏み出すこと」に面白さを見出している人たちです。「一歩踏み出すこと」について、3名のメンバーに聞きました。

*

橋本紗友里《はしもとさゆり》（20代女性・コピーライター）

長年、いつかはカフェをやりたいな、と妄想していたところ、ある先輩が一緒にカフェを開業するメンバーを募集していて、勇気を振り絞って手をあげました。何の知識もなければ、カフェでのバイト経験すらありませんでしたが、やろうとしていることと、自分の中の引き出しとで接点を見つけ、できることから手を動かしました。中でも、お店という「場」を使って何か面白いことを、と常に考え続けられる立場にいられたのがとても面白い経験で、ヨガや手芸教室、スタッフとお客さんとで農家へお手伝いに行ったりといったことを、ゼロから企画できるようになりました。今、モヤモヤしている人には、チャンスが訪れたときに飛び立てる瞬発力と、飛びついたあとにちゃんとしがみ付ける接点を見つけられるよう、自分の中に色んな引き出しを持っておくことが大事だと思います。あと、色々な人に相談してみると、意外な所から繋がりを紹介してもらえるかもしれません。やりたいことは口に(恥ずかしければSNSにでも)出すべきだと思います。

山田朋枝《やまだともえ》(30代女性・グラフィックデザイナー)

私は、大学卒業後グラフィックデザインの仕事を5年続け、その後会社の広報を3年勤めました。しかし、リーマンショックに端を発する不況に見舞われ、広告の仕事は八方塞がりになりました。悩んだ末、私は語学の修得を決意して会社を退職しました。飛び出すことには勇気が必要でしたが、私にとってはそのままで居続けることの方がむしろ恐怖でした。私は、英語を使って中国語を勉強するために、シンガポールを語学留学先として決めました。シンガポールは世界各国から学生や社会人が集まってくるので、国際色豊かな交流を持つ機会にとても恵まれました。中国語を勉強したことで、中国人と仲良くなれたのはもちろん、さらに華僑やその子孫達とのネットワークを築くことができた貴重な出来事でした。これからもさらに国際的な輪を広げ、仕事もプライベートも楽しみたいと思っています。

酒井智康《さかいちこう》（20代男性・僧侶）

私は寺の長男として生まれました。周りからは後継ぎと言われ、自分自身も漠然とそのレールに乗って生きてきました。しかしいざ大学に進学し、周りが就活を始めると、何もできない自分がもどかしい。寺を継ぐという事は、当時の自分の夢を断ち切ることでもありました。それが当時の自分にとっては辛くて仕方がないことだったのです。

ある時、長期の修行に出る機会がありました。修行が終わり、寺に戻ってきた私を待っていたのは、涙ながらに出迎えてくれた檀家の方々と仲間たちでした。その時、自分は多くの人によって生かされてきた事に気づきました。「恩返しの人生を歩んでいこう」ゼロからイチへ、迷いが吹き飛んだ瞬間でした。

人それぞれの人生ですが、どんな道を選んでも必ず誰かが応援してくれています。そして、苦しみを超えて選んだ道が最良の道と思います。お互い自信を持って、自分の人生を切り拓いていきましょう！

＊

私自身も、高校時代に2年間に及ぶ不登校を経験しました。留年をしながらも何とか復学して卒業したものの、大学をまるで就職予備校のように感じてゼロ単位で中退。〝個人的鎖国政策〟と名付け1年間の引きこもり期間に突入。その期間中にマンガを1000冊読破して、さらに多く歴史書や世界各地の写真集を読み漁るうちに、自然と世界へと足が向いて行きました。欧米や東南アジアをバックパックで旅して、さらにインド、アフリカ、中東へ。特に、2004年にアメリカとの戦争が終結して間もないイラクに足を踏み入れたことは非常に大切な経験でした。なぜならば、イラクの市民は一期一会の異国人である私に対して非常に優しく、親しみを持って接してくれたからです。そこには、日本のマスメディアが伝える、テロと危険にあふ

2007年に新風舎より出版された『睨むんです』。
全世界でファイティングポーズを
取り続けた写真が連続掲載された野心作。

れたイラクではなく、一人ひとりとしてのイラク人の姿がありました。

私は、これまでの人生の価値観を大きく揺さぶられると共に、日本国内で常識と言われる物事にも疑惑を感じました。

そして、約50ヶ国を渡り歩いた後に、私が世界中でファイティングポーズをとり続ける写真を掲載した処女作『睨むんです』を刊行。ところが、事実上の自費出版の書籍であったので、当初は相手にされず、書店ではほとんど全く置かれませんでした。それを非常に悔しく感じたので、自分で書店を回って飛び込み営業を始めたところ、多くの書店員さんが興味を示して発注して下さいました。渋谷のTSUTAYAや、六本木の青山ブックセンター、丸の内の丸善、池袋の

全国書店で飛び込み営業を行う。反響は大きく、各書店で平積みで販売された。

限定製造された「睨むんチョコ」。

リブロ。当時目黒駅近くでひっそりと営業していたエロ本屋を訪問して粘りに粘って2冊発注を取ったこともありました。また、全国にフランチャイズを持つ若者系の雑貨書店ヴィレッジヴァンガードは各地で発注していただき、特に下北沢店では１００冊を超えて平積みで展開されました。

同時並行で、菓子メーカーへの打診を行い、「睨むんチョコ」を限定生産。ポップを自作で作成して書店へ配布したり、知り合いのお母さんまで営業部隊として活躍。一連の行動も含めて関心を示した神奈川県の教師が学校の推薦本に指定して下さり局地的に大ヒットとなったり、出版記念パーティー「睨むん万博」を浅草花やしきにて

「睨むんです」の印税で佐渡島へ渡り、
憧れのチャールズ・ジェンキンスさんとファイティングポーズ。

低コストで開催。全く営業に力を入れてくれなかった出版社の名前が入った横断幕を日本刀で叩き斬るデモンストレーションを行いました。

その後、青春18きっぷを使って書店を目指して営業を展開。名古屋、京都、大阪、岡山、広島、下関、小倉、福岡……。最終的には九州に上陸して北九州地区で300冊の発注を取りつけると共に、佐賀大学の教授と学生が2冊『睨むんです』を直接購入してくれました。

気が付けば初版1000冊は1ヶ月で完売して、2000冊の増刷がかかりました。私はその印税を使って、佐渡島へと渡り、以前から会いたかった、北朝鮮から日本へやって来たチャールズ・ジェンキンスさんとお会いして一緒にファイティングポーズをとることができました。その際の帰り道にも、佐渡島最大級の書店であるTSUTAYAや、新潟のヴィレッジヴァンガードで、ジェンキンスさんとの写真を見せながら営業して、発注を取ることも忘れませんでした。さらに、世界的なアーティストである坂本龍一氏やみうらじゅん氏とも一緒に睨むことに成功。

半年後、敢えなく出版社が倒産したため、『睨むんです』は絶版となりましたが、無我夢中で走り抜けた私は、すでに確実な売り上げを達成すると共に、大きな満足感を得ていました。

この書籍は私にとって、行けない所に行ける、会えない人に会える、「最強の名刺」であり「特別なパスポート」になりました。

その後、不登校時代の経験を評価されて学事出版の教育雑誌「月刊 生徒指導」で、不登校生とその家族を応援する連載「不登校でもぜんぜんだいじょーぶ」を1年半執筆しました。講演も各所で行いました。

高校時代の不登校も、大学時代の中退やその後の引きこもりの期間も、当時は非常に強く思い悩みましたが、真剣に自分の生き方を考えた結果が、その後の人生の創意工夫と突破につながりました。

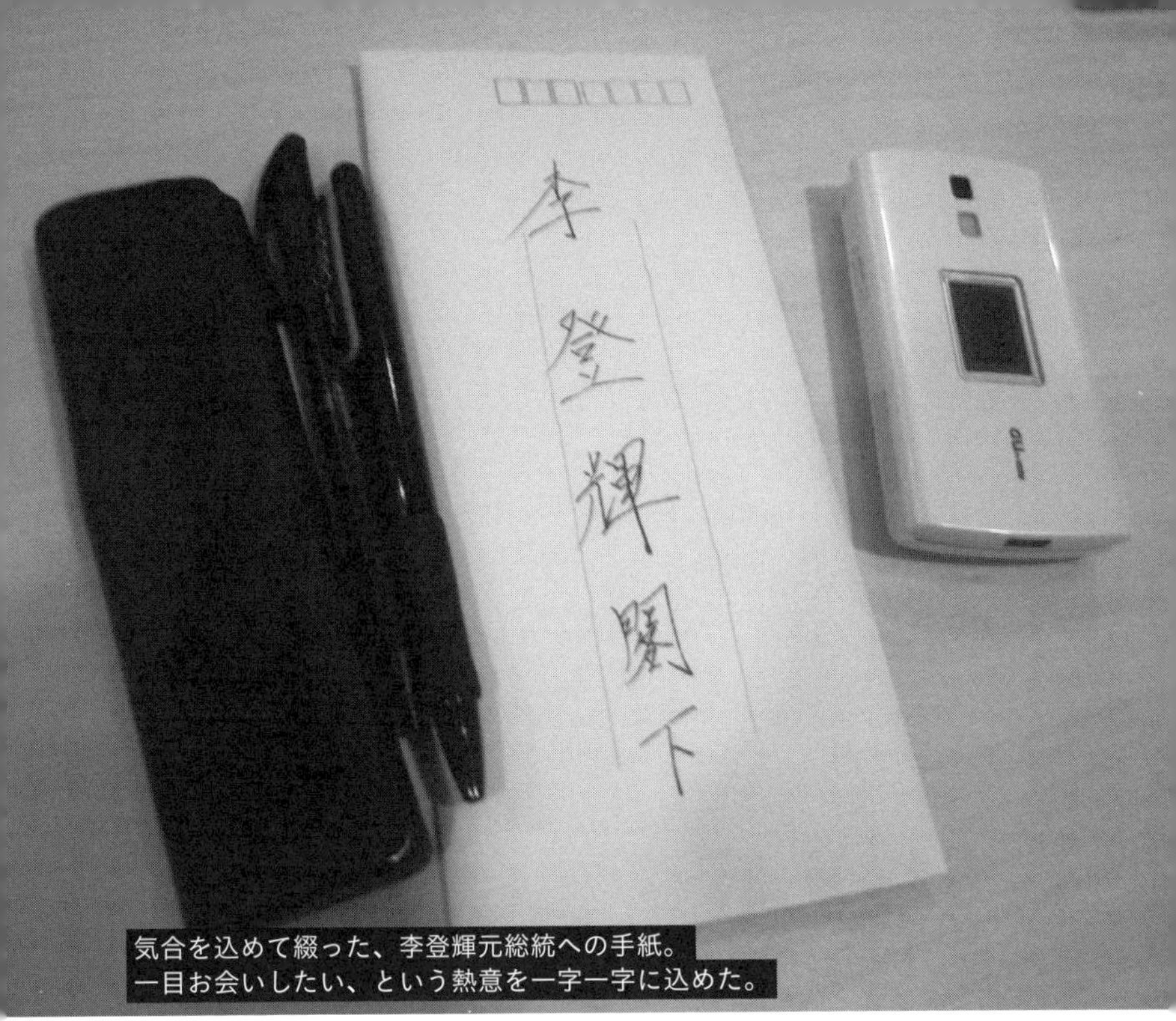

気合を込めて綴った、李登輝元総統への手紙。
一目お会いしたい、という熱意を一字一字に込めた。

李登輝元総統との出会いも不思議なものでした。2008年、私は仲間と共に台湾で最も高い4000メートル級の山である玉山《ぎょくざん》（旧ニイタカヤマ）を登るために台湾に初めて行くことを決めました。その際に、私の心の中で、東アジア屈指の高山である玉山以上に高い位置に立つ巨人、李登輝元総統にひと目、お会いしたいと思い立ったのです。

私は無理を承知で、方々の友人や知り合いに相談を持ちかけました。多くの人々が本気では相手にしてくれず、あしらわれ

2008年8月、李登輝邸において3時間に及ぶ単独会見が実現。やればできる！

たり笑われてしまいましたが、諦めずに辛抱して数ヶ月間続けました。すると、ほんの数名ではありますが、ポツリポツリと話を真剣に聞いてくれる人たちが現れ始めました。

その中の一人であった早稲田大学の石山修武《いしやまおさむ》教授が、台湾の有力者に橋渡しをして下さり、その人物が来日した際、しばらくの間運転手を務めた結果、私がしたためた手紙が李登輝元総統の元へ届いたのです。

2008年夏に李登輝元総統の自邸で謁見することが決まりました。玉山を登るために台湾へ一緒に行った仲間一人ひとりと、台北市内のホテルの前で握手をしてから李登輝邸を目指した瞬間と、その出来事は今でも忘れることがで

李登輝元総統へ謙譲したサイン入り『睨むんです』。

きません。

台北郊外の邸宅で私を待っていた李登輝元総統の第一声は「安西さん、よくここまで来ました。あなたの手紙を読んだよ。私はあなたのことが大好きだ！」という、驚きと身震いと混乱が私の中に同時に走るような言葉でした。

「今日はあなたと会うために、この後の予定は何もない。さあゆっくり話しましょう」と言われました。だがしかし。今だからこそ告白できるのですが、当時の私はアジアの巨人にひと目お会いしたい気持ちばかりが先行して、李登輝氏の著作を1冊も読んでいませんでした。初めは誤魔化していたものの、会見は3時間に及びました。3時間は長丁場であり、結局書籍を読んでいないことがバレて、「もっと勉強しないとダメだぞ」とお叱りもいただきました。その時は落ち込んでシュンとなりましたが、それでも自分が会ってみたかった人に本当に会うことができたことは、私にとってつもない経験とレベルアップをもたらしました。

その後も李登輝元総統との数度の謁見を賜ることができたことと、東日本大震災後の台湾の人々の真心のこもった支援がきっかけとなり、2012年春に李登輝元総統の邸宅を再度訪問することが叶い、その時のお言葉により、私は日台若者交流会を設立するに至ったのです。

人生は何が起こるか分かりません。震災に直面した際に強く感じましたが、一瞬の運命で命を亡くすかもしれないのです。ならば、思い切り自分自身と向き合って、自分が本当にやりたいことを実践する人生を送ることを考えようではありませんか。

人と違うことをやることには勇気が要ります。笑われたり、今の時代であれば冷ややかな目で見られてしまうことも多々あると思います。しかし、本当に自分がやりたいことであれば周囲の視線を恐れずに実践すべきであると、私は考えます。

超越国境の理念と実践とは、単に国と国同士の国境を超えるだけではありません。自分自身の頭の中で知らぬ間に引いている既成概念や常識の境界線を突破するという激情的な、激しく湧き上がる闘争心を爆発させる脳内のビッグバンなのです。

人生は、会いたい人に会う。やりたいことをやる。自分自身が生み出す舞台です。周りを気にするよりも、悔いのない人生を送ることに心血を注ぐ。自分自身の心と向き合う結晶を集めて、「0」を「1」にするエネルギーを爆発させようではありませんか。

おわりに

超越国境プロジェクト主席・日台若者交流会代表　安西直紀

超越国境の理念と実践を元に、産声を上げた日台若者交流会は、現在成長を続けています。日本側では、一般社団法人化が決まり社会的な組織化を実現して、今後へつながる組織変貌を行っています。

また、台湾側も躍進のきっかけを掴みつつあります。11月3日の李登輝名誉会長との謁見の折に、台湾に於いて自身が設立した法人の名称を、名誉会長自らより「超越」と命名していただいた田村田佳子氏が台湾側代表に就任（その後、法人化の際に名称を「超越《ちょうえつ》誠實《せいじつ》自然《しぜん》」として登録した）。独自の形式で活動を展開して、3月には早速「keep in touch in Taipei パーティー」を50名規模で開催。日本側からも林純らが参加しました。

日台関係の象徴である李登輝名誉会長から、我々が学ぶことができる感覚はまだまだ沢山あります。
頭山満《とうやまみつる》が、西郷隆盛を仰ぐように。
ウゴ・チャベスが、フィデル・カストロを仰ぐように。
温家宝《おんかほう》が、胡耀邦《こようほう》を仰ぐように。
バラク・オバマが、エイブラハム・リンカーンを仰ぐように。
我々は圧倒的人間力を解き放つ、李登輝名誉会長の如き人物を仰ぎたい。

そして超越国境プロジェクトは進化する！　日台若者交流会を通じて、日本と台湾の特別な関係を堅持しながら、我々は今後ますます多くの国と地域との交流と友好のパイプラインを構築してまいります。すでに

4月に台北で開催された「第２回 keep in touch in Taipei パーティー」の模様。

始まりを告げている中国とのつながりと共に、韓国もロシアや北朝鮮とも我々は交流関係を構築してまいります。

台湾の人口は2300万人ですが、北朝鮮にも同じくらいの人々がいます。我々は、北朝鮮にも必ずや超越国境の理念に賛同する人々が存在すると確信しています。そして我々は東は極東の日本から、西はトルコのイスタンブールまで大きく網羅する「アジアの未来を考える会」構想を目指します。

目指すスローガンは「俺より強いヤツに会いに行く」。世の中にはまだまだ面白いヤツらがゴロゴロしているはずです。

我々は今後も超越国境の理念と実践を元に、広大なアジアと世界の大地で今までにない活動を展開してまいります。

超越国境の理念と実践の元、我々はさらなる挑戦を続けてまいります。
前進あるのみ！

人生は一度きり。さあ、大いに暴れまわろうではないか。
前進あるのみ！

完

監修文

鴇田《ときた》くに奨学基金ビヨンドXプロジェクト代表　早川忠孝

第1章に綴られている、14歳の時に学徒動員で埼玉県の大宮にあった中島飛行機に徴用された岡本秀世さんの話は、戦中・戦後の日本の社会の実相の一端を示す貴重な記録として後世に残すべきものだと思う。

日本の若者と台湾からの留学生が同じ日本人として日本の軍需工場に徴用されていた、という事実が語られている。昭和20年8月15日の終戦からまもなくアメリカの兵士が軍需工場に進駐し、日本人が敗戦国の、台湾からの留学生が連合国側の人間として引き裂かれていった様子なども語られている。

「僕たちは日本人だ。日本が大好きだ。戦争に負けて悔しい。残念だ。だけど、秀ちゃんのような若者がいれば必ずまた今以上にすばらしい日本をつくることができる。がんばれよ！　がんばれよ！」

これが別れの言葉だったようだ。

岡本氏はこの言葉を胸の奥に秘めながら、懸命に戦後の日本を生きぬいてこられた。銀行を70歳まで勤めたが、退職後まもなく奥様に先立たれたという。

台湾のお兄ちゃんに会いたい。会って、もう一度ありがとうと言いたい。その思いが募り、80歳近くなってから65年前に別れた台湾のお兄ちゃん探しが始まった。国を超えた友情がここにある。

日台若者交流会の代表を務めている安西直紀氏から岡本氏との出会いやその後の顛末を聞いた時に、一連の経過を記録に残し、出版することを勧めた。

「超越国境」

これが、私たちが掲げる一つの理念であり、本書の題名にもなっている。

鴇田くに奨学基金ビヨンドXプロジェクトの「X」には、時には自分自身が入り、時には人と人との間を妨げるさまざまな障壁が入り、時には国境が入る。

私たちは、まさに超越国境を一つの旗印に、国境を超えて若者の心を一つにまとめ上げるためのさまざまな事業を始めたところである。若い方々にとって、国境は人と人との心の交流を妨げる存在では毛頭ない。

この書を鴇田くに奨学基金ビヨンドXプロジェクトの事業の一環として出版し、しかも監修者として名前を連ねることができるというのは大変な光栄である。

なお、本書の著者である日台若者交流会代表の安西直紀氏は、鴇田くに奨学基金ビヨンドXプロジェクトの事務局長でもある。

安西直紀氏には、未来を創造する新たな日本人として、私は強い期待を込めている。「超越国境」の未来を共に生みだすために、皆さん、一緒に前進していきましょう。

鴇田くに奨学基金
ビヨンドXプロジェクトとは

鴇《とき》田《た》くに奨学基金
ビヨンドXプロジェクト

2012年1月、故鴇田くに氏の遺言の趣旨に基づき設立された基金プロジェクト。東日本大震災の被災者を初めとして地域の復興に尽力する人々の心に寄り添い、応援するための事業である。また日本の未来を創造する、熱意のある若者の育成にも力を入れている。

早川忠孝［はやかわ・ただたか］

1945年長崎県生まれ。東京大学法学部卒業。弁護士。元衆議院議員。現在、弁護士業と共に日本をより良く、より安定した社会に、若い人たちが夢と希望を育てることができる活力溢れる国にしたい、という思いから「鴇田くに奨学基金ビヨンドXプロジェクト」を主宰する等、多方面にて活躍中。著書は『震災から一年後の被災地レポートービヨンドXプロジェクトの軌跡』、『天女との語らいシリーズ』（PHPパブリッシング）など多数。

謝辞

日台若者交流会を設立し、本書を出版するにあたり、数多くの方々にお世話になりました。

日台若者交流会が産声を上げる前の準備段階から顧問に就任して下さり、我々を激励して下さった山下晋一顧問、湯齡娜顧問、小佐野弾顧問に御礼申し上げます。

また、超越国境の理念に大きくご賛同下さり、台湾から報告の電話をした際に「安西君、本にしよう！」と叫んで監修者として出版を後押しして下さった、早川忠孝氏への御礼の言葉も言い尽くすことができません。

我々の原稿完成の遅れを辛抱強く待って出版へと漕ぎ着けて下さった、編集者の儀貝日月氏と、グラフィックデザイナーの一ノ瀬雄太氏に感謝申し上げます。

そして、名誉会長として我々の活動を心強く見守って下さり、本書への御寄稿並びに帯へのメッセージを刻み込んで下さった、李登輝名誉会長に厚く御礼申し上げます。閣下、誠にありがとうございました。

★参加者紹介★

林純［はやし・じゅん］
1986年神奈川県生まれ。慶應義塾大学大学院修士課程修了。本書の編集長を担当。岡本秀世氏の戦友捜索にも同行。慶應義塾大学の研究員となるが、大学院終了後、志があり脱藩。

酒井智康［さかい・ちこう］
1986年東京都生まれ。立正大学仏教学部卒業。僧侶。池上実相寺副住職。ダラムサラにてダライ・ラマ14世と邂《かい》逅《こう》。近年の若者の宗教離れに危機感を覚え、寺子屋活動を展開中。

山岸宏［やまぎし・ひろし］
1983年大阪府生まれ。京都大学法学部卒業。桜と人物の祭典「サクラサミット」に夫婦で参加し、安西と出会う。

青木俊二［あおき・しゅんじ］
1984年神奈川県生まれ。慶應義塾大学経済学部卒業。「みうらじゅん直談判作戦」で安西と出会い、行動を共にする。

佐野英志［さの・えいじ］
1987年兵庫県生まれ。東京大学大学院博士課程在学中。大学院で国際関係論を研究する傍ら、NPO法人「人間の安全保障」フォーラムにて事務局長を務める。東日本大震災後、復興の最前線で安西と出会い、日本への恩義を伝えるために台湾行きを決意する。

橋本紗友里［はしもと・さゆり］
1986年大阪府生まれ。早稲田大学商学部卒業、慶應義塾大学大学院政策・メディア研究科修士課程修了。早慶両大学で学んだ後に、高田馬場「10°cafe」の開業に関わる。

三橋利碩［みつはし・としひろ］
1991年山梨県生まれ。慶應義塾大学経済学部在学中。台湾の工業の成長と展望について研究中。台湾とフィリピンに造詣が深い。

前田幹太郎［まえだ・かんたろう］
1990年東京都生まれ。青山学院大学理工学部在学中。「世界の水をきれいにしたい」という志から将来は環境に関する仕事に携わりたいと考えている。安西とは江ノ島ヨットハーバーで出会う。

平塚雅人［ひらつか・まさと］
1990年東京都生まれ。東京農工大学農学部在学中。国家の新モデルを構築する地域社会学を研究。安西とは千葉の田んぼで出会う。

中野康平［なかの・こうへい］
1994年東京都生まれ。國學院大学法学部在学中。今回最年少の18歳。国家とアジアの近代史に関心を持ち、日台若者交流会加入を志願する。

新藤正裕［しんとう・まさひろ］
1987年神奈川県生まれ。多摩大学グローバルスタディーズ学部在学中。世界各地の若者文化の取材を重ねる。安西とは西麻布のクラブで出会う。

山田朋枝［やまだ・ともえ］
1978年大分県生まれ。リーマンショック後の金融恐慌に危機感を募らせ脱藩。華僑ネットワーク構築の為、シンガポールへ渡航。

山岸祐子［やまぎし・ゆうこ］
1984年兵庫県生まれ。超越国境プロジェクトの秘書として日台若者交流会の活動を支える。

市川祥子［いちかわ・しょうこ］
1990年栃木県生まれ。慶應義塾大学総合政策学部卒業。設立記念晩餐会に於いて台湾高座会の方々と同席して薫陶《くんとう》を受ける。

山本理［やまもと・さとし］
1988年神奈川県生まれ。慶應義塾大学法学部卒業。香港大学・延世大学に留学経験がある。安西とは世界各国の人々が集う三田の家で出会う。

＊

監修：早川忠孝
特別寄稿：李登輝
寄稿：李雪峰、黃凱盈、山下晋一、湯齢娜、小佐野弾、田村田佳子
編集長：林純
グラフィックデザイン：一ノ瀬雄太
ロゴ、キャラクターデザイン：black-box (KATSUYA)
翻訳：謝恵芝、譚馨
カメラマン：坂本敬志、岡本渉、揚地青子
高級参謀：辻野孝明（teenei）、杉本和雄（焼肉北京）、渡瀬裕哉（東京茶会）
参謀：小佐野匠、古河雄太、森元美津子、下村美也子、Gary Yang
日台若者交流会：
青木俊二、浅田恵理、安中珠世、酒井智康、佐野英志、新藤正裕、坪井惇、永松裕之、林美貴、平塚雅人、福原義久、古澤彬、前田幹太郎、三橋利碩、山岸宏、山田朋枝、山本理、森貞之、早川健、市川祥子、高堀隼、丹野馨、山岸祐子、森大輝、岡本渉、岡本秀世、中野康平、橋本紗友里、辻史郎
スペシャルサンクス：
スワタイチ、サボール里見、田中シュウ

Japan Taiwan Friendship

© black-box

© black-box

ロゴマークとキャラクターのデザイナーはblack-box の KATSUYA。キャラクターの名前は、公募により JET（ジェット）君に決まった。J は JAPAN、T は TAIWAN 。E は eager（熱心）、effort（努力）、energetic（活発）、emotion（感動）、evolution（進化）という、5つの意味が込められている。

スケ、ハイチ桑原、スーパーフリーな和田さん、金子エトセトラ、おかももワタル、mio、山室メガネ、ペピトーン駒田、山田玄、曾俊凱、傅繼瑩、李雨勳、ウェイティン、マオマオ、Kevin Pan、Eric Chou、Alice Chou、Michael Chen、Jack Chen、劉文光、陳茶妹、林ハナコ、釋達成、新大久保遊、岩永米人、赤尾彩、内田翔太郎、萬ちゃん、ドワイト・クラーク、半田善三、高邑勉、齋藤博、樋口卓也、山本萌子、安井元規、田代真久、林原佳代子、五十野厚子、渡部須美子、千野善美、鈴木にる、小野裕有、木村勇太、下田麻美、亀山理美、金杉朋子、ーTイタザワ、ダメ長、魚屋マシュー、ナベツグ、石山修武、李祖原、エフ書央、高野のりゆき、落合ベンアレックス、ムトー会長、佐藤カックー、ヤマモト氏、議員秘書丸山、獅子道竜介、グレートズミ、サイレント末澤、チョークスリーパー金田、バガボンド立石、成瀬久美、下村の姉御、青木萌、雨宮瑛美、呉嘉芮、林佑紀、ミカさん、中井宏美、加藤洋一郎、陳政緯、村瀬拓司、Julia Liu、葉章二、T・N・王如君、タム、秋元啓代

安西直紀［あんざい・なおき］

１９８０年東京都生まれ。超越国境プロジェクト主席。日台若者交流会代表。慶應義塾大学商学部を取得単位ゼロで中退後、約50ヶ国を旅する。２００８年に手紙を送ったことがきっかけとなり、李登輝元総統と3時間の単独会見を行う。２０１２年に再び李登輝元総統と会見を行い「日台若者交流会」を発足する。著書に『睨むんです』（新風舎）。自身の不登校の経験を踏まえて現代の若者たちへのメッセージを綴ったエッセイ「不登校でもぜんぜんだいじょーぶ」を『月刊　生徒指導』（学事出版）において連載。好きな言葉は「超越国境」、「前進あるのみ」。

―

感想やご質問はFacebookでご連絡ください。
https://www.facebook.com/naoki.anzai

超越国境

発行　二〇一三年七月一六日
著者　安西直紀
特別寄稿　李　登輝
編集　日台若者交流会
監修　早川忠孝
発行者　礒貝日月
発行所　株式会社清水弘文堂書房
住所　東京都目黒区大橋一・三・七・二〇七
電話番号　〇三・三七七〇・一九二二
FAX　〇三・六六八〇・八四六四
Eメール　mail@shimizukobundo.com
WEB　www.shimizukobundo.com
印刷所　モリモト印刷株式会社

落丁・乱丁本はおとりかえいたします。

ISBN978-4-87950-612-2
Printed in Japan.